JESUS DE NAZARÉ:
sinal de um amor maior

Pe. Ronaldo L. Colavecchio, SJ

JESUS DE NAZARÉ:
sinal de um amor maior

Espiritualidade joanina

Edições Loyola

Dados Internacionais de Catalogação na Publicação (CIP)
(Câmara Brasileira do Livro, SP, Brasil)

Colavecchio, Ronaldo L.
  Jesus de Nazaré : sinal de um amor maior : espiritualidade joanina / Ronaldo L. Colavecchio. -- 1. ed. -- São Paulo : Edições Loyola, 2023. -- (Cristologia)

  Inclui bibliografia
  ISBN 978-65-5504-265-8

  1. Bíblia - N.T. - Evangelho de São João 2. Exegese bíblica 3. Jesus Cristo I. Título. II. Série.

23-148547 CDD-226.506

Índices para catálogo sistemático:
1. Evangelho de João : Interpretação e crítica   226.506

Eliane de Freitas Leite - Bibliotecária - CRB 8/8415

Preparação: Mônica Glasser
Capa: Viviane Bueno Jeronimo
  Pietà Bandini, escultura em mármore (138 x 277 x 125 cm) do artista Michelangelo Buonarroti (cerca de 1547-1555).
  Fotografia de © Xavier Allard | Adobe Stock.
Diagramação: Sowai Tam

Edições Loyola Jesuítas
Rua 1822 nº 341 – Ipiranga
04216-000 São Paulo, SP
T 55 11 3385 8500/8501, 2063 4275
editorial@loyola.com.br
vendas@loyola.com.br
www.loyola.com.br

Todos os direitos reservados. Nenhuma parte desta obra pode ser reproduzida ou transmitida por qualquer forma e/ou quaisquer meios (eletrônico ou mecânico, incluindo fotocópia e gravação) ou arquivada em qualquer sistema ou banco de dados sem permissão escrita da Editora.

ISBN 978-65-5504-265-8

© EDIÇÕES LOYOLA, São Paulo, Brasil, 2023

103779

Em memória de Pe. Johan Konings, SJ;
com agradecimento a Silvio e João Luiz, pela ajuda técnica,
e a todos os jesuítas pelo testemunho do trabalho
qualificado em prol das prioridades da nossa Província.

Sumário

Prefácio 15

João 1,1-18
Prólogo 17
Introdução 17
E o Espírito Santo? O que dizer sobre ele? 20
1,4 – A vida de Deus é luz para os homens 21
1,5 – "A luz brilha nas trevas, mas as trevas
não a apreenderam" 22
1,6-11 – O amor transbordante de Deus atuava na
história de um povo 23
1,12-13 – "A todos os que o receberam, deu o poder de se
tornarem filhos de Deus" 24
1,14a – "O Verbo se fez Carne e habitou entre nós" 24
1,14b-18 – "Nós vimos a sua glória, como a glória do
Unigênito do Pai, cheio de graça e verdade" 26

João 1,19-51
O testemunho de João Batista e o grupo de amigos de Jesus 27
Introdução 27
1,19-34 – João aponta para o Cordeiro de Deus 28
1,35-39 – O testemunho de João Batista e o
início da formação do grupo de amigos de Jesus 29
1,40-51 – As primeiras reações dos chamados 32

João 2
De Caná da Galileia a Jerusalém, Jesus mostra sua glória como doador de mais vida 33
Introdução 33
2,1-12 – Jesus manifesta a sua glória ao atuar em favor
de um casal pobre 34
2,13-22 – O zelo pelo verdadeiro conhecimento do Pai
"consome" Jesus 36

João 3
A verdadeira luz ilumina um doutor da Lei 41
Introdução 41
1,1-21 – A conversa com Nicodemos 42

João 4
A verdadeira luz brilha na solidão de uma samaritana 47
Introdução 47
4,1-26 – A conversa com a samaritana 48
4,27-45 – A fé penetrante dos habitantes de Sicar 52
4,46-54 – Jesus volta a Caná, onde um oficial do rei acredita
ser ele o doador de vida 54

Conclusão 56
Como seguidores de Jesus, somos chamados a viver a vida de Deus
em nossa vida humana 56

João 5
O mundo das trevas resolve matar o doador de vida 59
Introdução 59
5,1-16 – A cura do paralítico e a perseguição de Jesus 60
5,17-18 – Primeira parte da resposta de Jesus aos judeus:
ele faz o que vê o Pai fazer 64
5,19-30 – Segunda parte da resposta de Jesus aos judeus:
ele compartilha a vida de amor com o Pai 66
5,31-40 – Terceira parte da resposta de Jesus aos judeus:
há quatro testemunhas a seu favor 67
5,41-47 – Conclusão da resposta de Jesus 68

João 6
Será que este capítulo está fora de lugar no Evangelho? 71
Introdução 71
6,1-28 – Jesus alimenta uma multidão, foge da reação
que isso causa e aplica a si mesmo o nome divino 74
6,29-50 – Jesus é, todo ele, Pão da Verdade 77
6,51-58 – A própria Carne do Verbo é Pão Vivo
descido do céu 80
6,59-70 – Os discípulos que voltam atrás e a fé dos Doze 83

João 7
Jesus em Jerusalém: um homem marcado para morrer 87
Introdução 87

7,1-13 – Jerusalém é o protótipo do mundo 88

7,14-24 – Jesus desafia as autoridades religiosas:
"Por que procurais matar-me?" 92

7,25-36 – Discussões sobre a origem e a partida de Jesus 96

7,37-53 – Do lado de Jesus, jorrarão rios de água viva 97

João 8
Jesus aprofunda a sua doutrina e analisa a rejeição pelos judeus 101

Introdução 101

8,12-29 – Jesus é a luz do mundo 101

8,30-47 – Jesus discute sobre a filiação que liberta
e a filiação que escraviza 105

8,48-59 – O mistério da pessoa de Jesus de Nazaré 109

João 9
Uma cura que polemiza a situação daqueles que creem e daqueles que não creem 111

Introdução 111

9,1-41 – A cura do cego de nascença 112

João 10
Em comunhão com o Pai, Jesus é nosso Bom Pastor 119

Introdução 119

10,1-10 – Jesus é a porta do redil e o Pastor das ovelhas 120

10,11-21 – Obediente ao Pai, o Bom Pastor dá sua vida
e a retoma de novo 122

10,22-42 – As obras de Jesus mostram a comunhão
de vida entre o Filho e o Pai 124

João 11
A decisão do Sinédrio: retrato da história do doador de vida 129
Introdução 129
11,1-44 – Ressuscitando Lázaro, Jesus dá mais um sinal de ser ele mesmo doador de vida eterna 130
11,45-54 – A ressurreição de Lázaro e a decisão do Sinédrio de matar Jesus ratificam a história da morte do doador de vida em Jo 5,15-18 134

João 11,55–12
A unção de Betânia e a comunhão entre Jesus e seu Pai 137
Introdução 137
11,55–12,19 – Uma mulher prepara Jesus para o sepultamento 138
12,20-50 – A comunhão de Jesus e seu Pai nos acontecimentos que marcarão a sua hora 139

João 13
O lava-pés e o mandamento do amor 145
Introdução 145
13,1-17 – Jesus lava os pés dos Doze 146
13,18-30 – Uma amizade aprofundada; uma amizade rejeitada 148

João 14
A nossa obediência à palavra de Jesus nos dispõe a um relacionamento pessoal com ele ressuscitado, com o seu Pai e com o Espírito Santo 151

Introdução 151

14,1-31 – As três dimensões da nossa experiência de Jesus 152

João 14–17
Algumas conclusões para a espiritualidade em João 159
Perguntas para uma reflexão 160

João 18
**O início da paixão e iminência da morte
de Jesus de Nazaré** 161
Introdução 161
18,13-27 – O interrogatório de Jesus por Anás
e as negações de Pedro 164
18,28-40 – Jesus diante do governador romano, com uma primeira
acusação: "Este homem se faz rei" 166

João 19
**Segunda acusação diante do governador: "Este homem
se faz filho de Deus"** 169
Introdução 169
19,8-16 – A covardia de Pilatos leva Jesus à crucificação 172
19,17-24 – A crucificação do Filho Unigênito de Deus 174
19,25-30 – A morte de Jesus 175
19,31-37 – O golpe da lança e o olhar dos discípulos 175
19,38-42 – O sepultamento de Jesus 176
Para refletir 177

João 20
A ressurreição e a exaltação de Jesus de Nazaré 179

Introdução 179

20,1-18 – As primeiras experiências pós-pascais de Jesus
de Nazaré: "Nós vimos o Senhor!" 180

20,19-23 – "Recebei o Espírito Santo": Jesus estabelece
o "nós", a comunhão dos perdoados e portadores
da paz de Deus 180

20,24-29 – A plenitude da experiência de fé cristã 183

João 21
"Jesus se manifestou de novo" 185

Introdução 185

21,1-25 – A aparição no lago, a tarefa pastoral de
Pedro e o testemunho perene 186

Para concluir 187

Para refletir 190

Bibliografia 191

Livros publicados 193

Prefácio

O presente trabalho apresenta em um só volume a síntese de dois livros publicados por Edições Loyola: *Jesus Nazareu, o transbordar da vida que é Amor* (2004) e *Jesus Nazareu, a experiência de Deus no Evangelho de São João* (2007). Sempre com enfoque nas dinâmicas históricas que levaram à condenação de Jesus e ao cumprimento do plano do seu Pai, neste estudo usamos como base o Evangelho segundo São João.

João 1,1-18

Prólogo

Introdução

O Evangelho de Jesus Cristo é a reposta de Deus à cegueira humana. É a boa notícia de um Deus que nos valoriza muito e que, por meio de seu Filho, faz pulsar em nós a vida que vem dele mesmo.

Faremos agora uma leitura analítica do quarto Evangelho, abordando-o na perspectiva da espiritualidade joanina.

Como é a vida do próprio Criador? Como é Deus na sua realidade interior?

Tais indagações são inerentes à mente humana, que busca desvendar o mistério da vida divina. Na verdade, trata-se de um conhecimento que nos foi revelado por Jesus Cristo no decorrer da sua missão e que nunca conseguiremos explicar adequadamente. Mas aqui procuraremos tratar desse assunto, tendo como base o Prólogo de João.

Os primeiros dois versículos do Prólogo nos informam que, "desde o princípio", a vida de Deus consistia em uma comunhão de pessoas que sempre estiveram unidas entre si.

Esta é uma afirmação simples. Por ela, entendemos que Alguém chamado "Verbo" (ou "Palavra") estava sempre em comunhão com Deus. Mas a linguagem precisa de esclarecimento. Quem seria esse "Verbo"? E quem é "o Deus" com o qual o Verbo estava?

Lendo um pouco mais adiante, no versículo 18 do Prólogo, descobrimos de quem se trata. O versículo afirma: "O Filho Unigênito que está voltado para o seio do Pai, este o deu a conhecer".

Agora é mais fácil entender! Trata-se do Filho e do Pai. Dizer que o "Verbo estava com Deus" é o mesmo que dizer que, em Deus, alguém chamado de "Filho" estava sempre com alguém chamado de "Pai".

Na cultura judaica da qual surgiu a Bíblia, o relacionamento entre um pai e um filho tinha uma qualidade toda especial. Entre os dois havia conhecimento mútuo, afeto ilimitado e vontade única. Até sua identidade social indicava que cada um estava voltado para o outro. Assim, Simão era conhecido como "Filho de Jonas", e Jonas era conhecido como "Pai de Simão". Essa união era maior ainda quando se tratava de um "filho unigênito", como é o caso no versículo 18. Toda a vida de um filho devia refletir-se para a honra do seu pai. Então, quando o Prólogo afirma que o Filho está no seio do Pai e que seu nome é Jesus Cristo, está usando palavras que remetem ao mistério do Filho entre nós.

Mais tarde no Evangelho, João nos informará, várias vezes, que o Filho estava "dentro do Pai e o Pai dentro do Filho" (10,38; 14,10-11; 17,21). Ou seja, a comunhão entre eles é tão completa e perfeita que cada um habita no outro. Ou seja, a Comunhão entre eles é tão completa e perfeita, que cada um habita no outro. Sendo uma comunhão de sujeitos puramente espirituais, não há nenhuma matéria que impede uma comunhão total e eterna entre Pai e Filho (e Espírito). Assim era Deus na sua própria realidade, quando ainda não existia qualquer outro ser além dele. Quando não existia pessoa humana nenhuma. Somente existia Deus: Pai e Filho unidos em comunhão carinhosa e feliz.

Mas o Prólogo ainda tem mais a nos ensinar sobre a vida de Deus. De maneira direta e simples, a segunda parte do primeiro versículo afirma também que "o Verbo era Deus". O significado das palavras é claríssimo: da mesma forma que o Pai era de condição divina, o Filho o era também.

Nessa comunhão que há entre Pai e Filho, cada um possui total e integralmente a própria condição divina, de maneira que tanto um como outro pode ser chamado de "Deus", no sentido mais pleno desta palavra (1,1; 20,28). Então, entendemos que, além da comunhão entre eles, há a participação íntegra na totalidade da divindade, ou seja, a vida de Deus é comunhão e participação.

E o Espírito Santo? O que dizer sobre ele?

A esta altura, o leitor pode estar se questionando: "Por que João não falou nada sobre o Espírito Santo? Não faz ele também parte dessa comunhão entre Pai e Filho?".

O Evangelho de João vai nos ensinar que, certamente, o Espírito Santo faz parte da comunhão que há entre o Pai e o Filho, mas vai mostrar isso somente perto do fim do Evangelho. Lá, iremos ver que o Espírito vem a nós por parte do Pai, pelo pedido do Filho, que está junto do Pai (14,16; 15,26). O Espírito vem do seio da comunhão e da partilha, que é a própria vida divina, pois tudo que é do Pai e do Filho é compartilhado com o Espírito (16,15). O Espírito Santo é, também, divino e eterno. Durante todo o tempo em que estaremos estudando o Evangelho de João, em atitude de fé, o Espírito de Deus estará nos conduzindo a um conhecimento sempre mais profundo do mistério do Filho que vive junto ao Pai.

Muito interessante! Mas você, leitor, pode se perguntar: "Será que esta conversa sobre a vida interior de Deus tem algo a ver comigo? Eu, que tenho de viver a minha vida dentro de uma sociedade individualista e excludente?" A resposta é: "Sim, tem!", pois vejo que a Igreja cristã assume cada vez mais a forma de pequenas comunidades cujas características principais são justamente a comunhão e a participação!

É justamente para entender melhor a nossa vida concreta no mundo atual que estamos estudando o Evangelho de São João. Vamos, então, continuar nossa leitura do texto de João, lembrando-nos sempre da pobreza do presente escritor e de qualquer autor que aborda este projeto.

1,4

A vida de Deus é luz para os homens

Em grego, isto é, na língua em que o Evangelho foi escrito, a palavra utilizada aqui para designar vida é *zōe*, termo que João usa para significar "vida divina" — em contraste com a palavra *psychê*, que significa "vida humana" (12,25). Já vimos que a vida divina é comunhão de pessoas, é participação na mesma condição divina. É vida de amor. Acabamos de ver que foi essa vida de amor do Pai e do Filho que transbordou na criação de tudo o que existe fora de Deus. Agora o Prólogo vai falar de mais um fato sobre essa vida de Deus, ou seja, vai nos informar que essa vida de amor, que estava no Verbo, "era a luz para os homens e as mulheres".

Dizer que a "vida que estava no Verbo era luz" implica que esta vida divina se tornou visível para ser vista e apreciada. Mas quem iria perceber essa luz? Quem seria capaz de contemplar o cosmo e chegar, por meio dele, a descobrir traços do seu Criador? A resposta a essa pergunta vem logo a seguir: "a vida era a luz dos homens". Ou seja, entre as criaturas que Deus fez, uma foi feita com a capacidade de perceber as maravilhas da criação para, a partir daí, chegar a conhecer algo sobre o seu criador: o ser humano, ou seja, eu e você! Vendo as obras de

Deus, todo homem e toda mulher pode vir a descobrir, ainda que às apalpadelas, algo a respeito de Deus: da sua inteligência, do seu poder, da sua beleza, do seu amor por nós: (Sl 19,1; Rm 1,19-20; At 17,23).

1,5

"A luz brilha nas trevas, mas as trevas
não a apreenderam"

Na história humana, nem tudo é luz. As trevas são o oposto da luz. Treva é tudo o que dificulta a descoberta de Deus. O homem é livre para elevar seu espírito a Deus e criar laços de fraternidade com os outros. Mas, também, pode viver fechado em si mesmo, pode deixar-se condicionar por um mundo onde seu egoísmo combina com aquele que há na sociedade para criar sistemas injustos e opressivos. É essa combinação de pecado pessoal e injustiça social que o Prólogo do Evangelho denomina de "o mundo".

Toda convivência humana sente a força das trevas. É o mal da ganância e do ódio que destrói a vida do irmão. Mas a Luz continua a penetrar na escuridão do pecado, convidando-nos a olhar para a situação triste dos nossos irmãos e a questionar o significado da nossa própria vida (Sl 42,2).

1,6-11

O amor transbordante de Deus atuava na história de um povo

"Houve um homem enviado por Deus. Seu nome era João."

A menção de João Batista no versículo 6 lembra-nos da misericórdia de Deus, que se manifestava na história de Israel. Deus revelou seu amor na ocasião do êxodo e, depois, na Aliança que fez com Israel. Os israelitas chamavam essa atuação do amor divino em favor deles de "glória de Deus".

O povo de Deus sabia que era convidado a responder a esse amor por construir uma sociedade que refletia a presença do seu Criador e Salvador. A vocação de Israel era de ficar fiel à Lei e aos profetas para se tornar luz para as nações. Vendo como esse povo vivia em obediência a Javé, os outros povos iriam ser atraídos para esse mesmo Deus (Is 42,6; Dn 12,3). Porém, Israel nunca conseguiu permanecer fiel. Com tristeza, o Prólogo afirma que nem "o mundo" nem "os seus" receberam a verdadeira luz.

Mas alguns sim! Eram os israelitas simples e fiéis, cujo coração ficava cheio de adoração por seu Deus e que permaneciam servindo o único Deus verdadeiro.

1,12-13

"A todos os que o receberam, deu o poder de se tornarem filhos de Deus"

O tom melancólico do Prólogo muda nos versículos 12-13. Apesar de muitas pessoas optarem pelas trevas, havia pessoas entre os judeus que eram fiéis a sua palavra. Também inúmeros gentios procuravam ser justos e solidários com seus irmãos no concreto da vida diária. Nesse sentido, embora sem a Lei de Moisés, essas pessoas "mostravam que a Lei de Deus estava escrita nos seus corações" (Rm 2,15). Já eram "filhos e filhas de Deus" (11,32).

1,14a

"O Verbo se fez Carne e habitou entre nós"

A vida de amor no Verbo era luz, que foi se manifestando de várias maneiras durante a história da humanidade. Mas Deus tinha em mente uma maneira de manifestar o seu amor, que iria ultrapassar todas as outras realizadas anteriormente. É sobre isso que lemos no versículo 14 do Prólogo: "O Verbo se fez Carne!".

No grego, o texto diz que o Verbo se fez *sarx*, palavra que significa a nossa condição de fragilidade e de mortalidade. Mas também significa a possibilidade de nos comunicarmos uns com os outros, por meio da nossa dimensão corpórea. Com isso, o Prólogo está afirmando que o Verbo, sem deixar de participar da mesma condição divina de Deus Pai, veio participar também da nossa condição humana. Assumiu a nossa humanidade e, através dessa humanidade, tornou-se capaz de ser visto, ouvido, tocado como qualquer um de nós. Capaz de ir até o fim no seu amor. Capaz de sofrer e morrer.

Vivendo e atuando como homem no meio de nós, o Verbo tornou possível enxergarmos na sua humanidade a manifestação daquela mesma vida de amor que estava nele "desde o princípio" e que "era luz para os homens". Agora, porém, essa vida de amor que estava no Verbo ganhou ainda mais possibilidades de ser luz, pois podia atuar em forma humana. Uma vez encarnado, o Verbo podia nos mostrar não somente a beleza de um Deus Criador ou a bondade de um Deus que atua na história de um povo. Muito mais do que isso, através da humanidade que assumiu, o Verbo podia comunicar-se conosco do mesmo modo que nós nos comunicamos uns com os outros: por palavras, por ações, por sorrisos, por lágrimas, por assumir os traços de determinada cultura, por mostrar-se cada vez mais compassivo e, nisso, cada vez mais humano.

Em tudo isso, a humanidade do Verbo estava sempre voltada para a vontade do Pai. A sua liberdade humana, sempre mantida, estava aberta para ser impulsionada pela força do amor divino do Filho. Assim, cada momento de sua ação no meio do povo, cada ato de solidariedade, cada ensinamento, sofrimento, derrota, vitória, tudo era luz que revelava a força do amor divino agindo no Verbo Encarnado. *Era a vida divina sendo vivida dentro da história humana!* Tanto assim que, no fim, o Filho Encarnado podia afirmar: "Quem me viu, viu o Pai" (14,9; 8,19; 12,45).

1,14b-18

"Nós vimos a sua glória, como a glória do Unigênito do Pai, cheio de graça e verdade"

Aqui o Prólogo nos lembra de que, com a presença do Verbo Encarnado, algo de novo veio existir no mundo. É o "nós" que está se exprimindo no Prólogo. É a continuação da comunidade de fé cristã que tinha visto a vida de Jesus e a sua vitória sobre a morte.

Chegamos ao fim do Prólogo. Até o versículo 17, foram relatadas coisas do passado. Agora, no versículo 18, o Prólogo fala do presente. Diz que o Filho Unigênito *está* voltando para o seio do Pai. Trata-se do Verbo Encarnado, Jesus de Nazaré, o Cristo Ressuscitado e Glorioso Senhor do céu e da terra. É ele que está junto ao Pai, pedindo que nos envie o dom do Espírito (14,16). É ele o Pão Vivo que recebemos na Eucaristia (6,51). É ele o Amigo que "se manifesta" a nós. É ele que nos exorta: "Permanecei no meu amor!".

João 1,19-51

O testemunho de João Batista e o grupo de amigos de Jesus

Introdução

O Evangelho segundo João conta a história de Jesus de Nazaré, que foi julgado e condenado à morte pelas mais altas autoridades religiosas da sua sociedade. Aliás, durante todo esse Evangelho, Jesus estará sob a mira dessas pessoas. Elas representam aquele mundo ao qual o Prólogo se referia nos versículos 10-11; o "mundo" era o conjunto de todos aqueles que não se abriram à Luz e que ainda tentavam apagá-la. Assim, percorrendo o Evangelho, encontraremos um clima de tensão e perseguição. Isso pode ser notado neste trecho inicial da narração joanina.

1,19-34

João aponta para o Cordeiro de Deus

João Batista não fazia parte do sistema religioso centralizado no Templo e dominado por um grupo de sumos sacerdotes e doutores da Lei. Era um pobre eremita que pregava no deserto. Sua autoridade estava enraizada na sua convicção de ter sido enviado por Deus (6). O povo simples veio a ele em massa. Percebia que era um Profeta anunciando a imanência de um momento decisivo na história de Israel. Era o tempo de Deus cumprir suas promessas feitas a essa nação predileta.

João estava realizando sua atividade fora do controle dos líderes religiosos, no deserto, longe do Templo. Logicamente, estes ficavam perplexos e perturbados. Queriam informação sobre o Batista. Por isso, enviam emissários para questioná-lo. Tal atitude é característica dos frios funcionários de um sistema que se tornou opressivo. João Batista responde negando que tenha a importância central na sua mensagem. Ele "batiza somente com água", mas anuncia a vinda de alguém que os judeus ainda não conhecem, "que já está no meio" deles e que é muito maior do que ele próprio.

No dia seguinte, vendo Jesus aproximar-se, caminhando à beira do rio Jordão, diante de seus discípulos João Batista aponta para ele e o chama de "Cordeiro de Deus que tira o pecado do mundo". Insiste no fato de que o testemunho que ele está dando de Jesus tem sua origem diretamente "naquele que o enviou". As palavras "Cordeiro de Deus" são tiradas do profeta Isaías (cf. Is 53,7). Se referem ao sacrifício do cordeiro em prol da libertação dos judeus do Egito, como foi relatado no livro do Êxodo. João foi instruído a chamar atenção à "permanência do Espírito em Jesus", que será manifestada através das suas obras (cf. Mt 11,1-5; Lc 4,18-20).

Em Jo 1,33-34 temos a primeira referência às Três Pessoas divinas, que serão os principais protagonistas da história que o Evangelho contará.

1,35-39

O testemunho de João Batista e o início da formação do grupo de amigos de Jesus

"No dia seguinte", João Batista vê Jesus se aproximando de novo e chama a atenção de dois dos seus próprios discípulos. Pela segunda vez, o Batista diz: "Eis o Cordeiro de Deus...". A palavra "cordeiro" traz à memória o sacrifício que cada família israelita oferecia por ocasião da Festa da Páscoa, quando se celebrava a libertação dos hebreus do Egito. A mesma palavra faz lembrar também as profecias de Isaías a respeito do Servo Sofredor, que iria "carregar os nossos pecados e ser conduzido à morte como um cordeiro indo à matança" (Is 53,7). Assim, este título atribuído a Jesus por João Batista, já no início do Evangelho, faz-nos lembrar de como será o momento final de Jesus (19,36).

Um dos dois discípulos que ouvem estas palavras de João é identificado pelo evangelista: seu nome é André. O nome do outro não é dado. Muitos estudiosos do Evangelho acham que esse segundo discípulo era João, ou seja, aquele que se tornou autor deste livro em que estamos nos baseando. Possivelmente era ele que também acabou sendo conhecido como "o discípulo que Jesus amava" (13,23; 19,26; 20,2; 21,7.20).

O "Discípulo Amado" foi o fundador da comunidade da qual veio o Quarto Evangelho. Ele fez com que a sua comunidade partilhasse do seu conhecimento de Jesus, adquirido durante os três anos em que andou em sua companhia e, depois, durante uma longa existência de contemplação do mistério da vida de Jesus. Assim, a comunidade joanina aprendeu a ver Jesus através dos olhos de um amigo íntimo dele, que penetrou no mais profundo significado da sua Pessoa. No seu livro, escrito sessenta anos depois da morte e ressurreição de Jesus, o fruto dessa contemplação é oferecido a nós.

Assim, o Jesus que nos será apresentado por meio do Evangelho de João é Jesus de Nazaré, o Verbo Encarnado. Através do Discípulo Amado, e também dos outros amigos que chegaram a um conhecimento interior de Jesus, descobrimos como é importante termos um relacionamento de amizade com a pessoa de Jesus de Nazaré, que é agora Cristo Glorificado, pois é essa amizade, continuamente aprofundada, que torna possível um conhecimento maior da sua Pessoa e do seu Pai. De fato, ninguém, na Igreja primitiva, entrou mais no Mistério de Jesus e do Pai do que o Discípulo Amado.

No versículo 37, ao ouvir João Batista referir-se a Jesus como "Cordeiro de Deus", André e o "outro discípulo" se impressionam e se põem a segui-lo. A palavra "seguir", que aparece três vezes no capítulo 1 (37.38.43), já aponta para a relação que esses homens terão com Jesus de Nazaré.

Percebendo que vinham atrás dele, Jesus se volta e logo toma a iniciativa de falar-lhes. São João recorda as primeiras palavras de Jesus no Evangelho: "Que estais procurando?".

A palavra grega *ze'tein*, que João usou aí, pode significar simplesmente: "O que estão querendo?". Mas a mesma palavra pode ainda ter outro significado: "O que estais buscando na sua vida?". É neste sentido mais profundo que Jesus questiona os dois jovens. Questiona também a nós, que estamos iniciando esta leitura mais séria do Evangelho de São João.

Tomados de surpresa pela pergunta de Jesus, os dois jovens respondem, também perguntando: "Mestre, onde moras?".

Superficialmente, é uma pergunta espontânea, que pode significar somente o desejo de passar um tempo com Jesus para satisfazer uma curiosidade que foi suscitada. Mas a mesma pergunta pode ser entendida também de maneira mais profunda. A morada de uma pessoa é o lugar onde ela vive a intimidade da sua vida. No Prólogo, vimos que Jesus vive no seio de seu Pai. Assim, à luz do Prólogo, a pergunta: "Onde moras?" adquire novo sentido. Sem estar ainda conscientes disso, os dois jovens exprimem o desejo de partilhar da sua intimidade com Deus (1,18; 7,19; 14,23; 17,3.20-21).

A resposta de Jesus é imediata: "Vinde e vede".

No primeiro nível, Jesus está simplesmente convidando André e o "outro discípulo" a visitar a barraca de palmeiras que ele armara à margem do rio Jordão, como era o costume dos romeiros. Mas, lembrando-nos do Prólogo, entendemos que este convite é muito mais profundo. É uma chamada aos dois a "vir e ver" a glória do Filho Unigênito de Deus no Homem de Nazaré (11,40; 17,24) e de receber dele a vida que ele vive junto ao Pai (6,40.57). É exatamente este o convite que o Discípulo Amado está fazendo a todos nós que buscamos um conhecimento mais profundo de Jesus Cristo, através do nosso estudo do Quarto Evangelho (20,31; 1Jo 1,3).

1,40-51

As primeiras reações dos chamados

André vai atrás do seu irmão Simão e o conduz a Jesus, que fita Simão com um olhar que descobre nele grandes qualidades humanas e a retidão de um judeu formado na espiritualidade dos verdadeiros israelitas. Jesus vê nele a promessa de grande crescimento. De sua parte, talvez pela primeira vez na vida, Simão fica sem palavras. Sente-se totalmente envolvido pela força da personalidade do Nazareno. Tamanha é a autoridade de Jesus que Simão nem manifesta reação ao ouvir que, a partir dali, seu nome é outro: "Chamar-te-ás Cefas, Pedra!". Simão ainda não sabe a razão dessa troca de nome. Por enquanto, sabe somente que, dali em diante, Jesus será o centro da sua vida.

João 2

De Caná da Galileia a Jerusalém, Jesus mostra sua glória como doador de mais vida

Introdução

Toda a atuação de Jesus era luz, que nos mostra qual era a vida que existia dentro dele. Era o amor divino atuando em nosso favor, em forma de "graça e verdade" (Sl 135). Tal luz fazia as pessoas mais livres, mais alegres, mais santas. Eram estas as marcas principais do Deus que Israel conhecia. Agora, essas qualidades de amor divino caracterizam os relacionamentos de Jesus com todas as pessoas, especialmente com as mais pequeninas. A cada momento, no Evangelho de João, estamos vendo a manifestação da união do Filho com o Pai e o transbordar do amor que nos oferece toda forma de vida, incluindo a vida eterna que o Filho partilha com o Pai.

Seria fácil interpretar sua atuação exclusivamente em termos mais empíricos, de benefícios concedidos. Assim, Jesus cura os doentes, consola os abatidos, liberta os oprimidos.

Ao mesmo tempo, defende as pessoas das injustiças, derruba barreiras que as separam e as reintegra na comunidade. É a atuação em favor da vida humana mais plena e mais fraterna no plano ético-social.

Mas, ainda que seja tão correta esta interpretação, as palavras de Jesus nos apontam um significado ainda mais profundo do que suas curas e seus exorcismos. Tal significado tem de ser percebido por meio das palavras de Jesus, pois, além da dimensão mais óbvia da atuação dele, nós, leitores, somos sempre convidados por João a enxergar outra dimensão, mais interior e escondida, ou seja, aquela vida de amor que o Filho vive junto ao Pai. É essa vida que está sendo revelada a todo momento no Evangelho de São João. É ela que os Doze estão começando a enxergar na pessoa do seu Mestre.

2,1-12

Jesus manifesta a sua glória ao atuar em favor de um casal pobre

A cena é uma festa de casamento na cidade de Caná. Trabalhando na cozinha no meio de outras mulheres, a mãe de Jesus nota que o vinho da festa havia terminado. Ela percebe, imediatamente, o que isso poderia significar para o casal. Aqueles jovens seriam sempre lembrados, nas redondezas, como o casal cuja festa de casamento tinha terminado de modo triste, porque havia faltado vinho. O coração de Maria está cheio de compaixão. Ela vai até a frente da casa, onde os homens estão congregados, e chama a atenção de Jesus para a situação dos noivos: "Não têm mais vinho". Os discípulos de Jesus estão olhando.

A resposta de Jesus a sua mãe parece estranha: "Mulher, que temos nós com isso? Minha hora ainda não chegou".

Já vimos como, em João, a "hora" de Jesus é o momento culminante da missão que o Pai lhe conferiu. Sabemos que essa "hora" será a da sua morte, ressurreição e glorificação. Assim, por meio desta resposta a sua mãe, Jesus mostra consciência de que sua missão terá plena eficácia somente no fim de sua trajetória. Ao mesmo tempo, a resposta dada a Maria indica que os laços de amor humano entre eles não são determinantes nessa missão. A sua atuação dependerá sempre do discernimento que faz da vontade do Pai em sua vida.

À primeira vista, pode parecer que Jesus recusou-se a fazer qualquer coisa, negando, então, o pedido da mãe. Mas Maria não entende assim. Diz aos servos: "Façam tudo o que ele vos disser". E, em seguida, Jesus toma as providências para que haja vinho em abundância, aliviando o casal de um vexame social e dando alegria aos convidados.

Para compreender o que João nos quer dizer com isso, talvez ajude lembrar a cena que João descreve no fim do seu Evangelho. Pendurado na cruz, Jesus entregará seu discípulo amado a Maria, para ela o acolher com amor de mãe (19,26-27). Nesse contexto, João apresenta Maria como protótipo da Igreja que irá acolher, com amor maternal, todos aqueles que creem em Jesus. Assim, na figura de Maria ordenando aos servos a fazer tudo o que Jesus lhes disser, João nos lembra do papel que a própria Igreja exerce na vida dos cristãos.

Mas, como sempre em João, há outro significado possível neste episódio. João chama esta obra de Jesus em Caná de "início dos sinais". (Nos primeiros doze capítulos do seu Evangelho, João nos apresentará sete "sinais" realizados por Jesus.)

Em que sentido seria esse ato de Jesus em Caná um "sinal" no Evangelho de João? Para entender isso, precisamos lembrar que a futura vinda de Deus a Israel era vista, no Antigo Testamento, como a aproximação do Noivo que vem ao encontro da sua noiva, Israel. Isaías tinha prometido aos judeus que sofriam no cativeiro que Javé viria para conduzir seu povo escolhido à Nova Jerusalém. Assim, ao fazer Jesus iniciar sua atuação misericordiosa por ocasião de um casamento, João está indicando que as esperanças da vinda de Deus para sua esposa, Israel, estão sendo realizadas nesse momento, com a presença de Jesus no meio do seu povo. Presença divina, amável e libertadora, e cheia de vida (Is 54,5-6; 62,5; Os 2,16-19).

2,13-22

O zelo pelo verdadeiro conhecimento do Pai "consome" Jesus

A cena muda abruptamente! Da simplicidade de Caná da Galileia somos levados à movimentada metrópole de Jerusalém. Seguindo o calendário litúrgico do seu povo, Jesus chega à capital para a festa da "Páscoa dos judeus". É a primeira das três festas de Páscoa que João menciona no seu Evangelho (6,4; 13,1). (É bom notar que esse progresso de Páscoa em Páscoa, realizadas três vezes, se encontra somente no Quarto Evangelho e fundamenta a opinião mais popular de que a missão de Jesus durou três anos.)

Logo ao chegar à cidade do Grande Rei, Jesus entra no Templo. Junto com a Lei de Moisés, esse edifício era o maior símbolo da fé judaica e o centro da vida religiosa, política e econômica de Israel. Ao entrar no esplendoroso prédio, Jesus se depara com uma cena que lhe suscita indignação: a atividade comercial que os sumos sacerdotes permitiam que fosse praticada e que se tornava frenética por ocasião das festas. O porte do comércio desses dias pode ser calculado pela média de 18 mil animais sacrificados na época da Páscoa! De fato, um verdadeiro sistema econômico centralizado no Templo tinha evoluído. Além da venda de animais, havia o comércio do couro das vítimas sacrificadas, bem como entradas de ofertas, taxas impostas ao povo para o benefício do Templo e uma rede de serviços oferecidos à multidão que chegava. Quem gerenciava tudo isso eram as famílias às quais pertencia Anás e seu genro Caifás, pessoas notoriamente corruptas, que se envolviam em intrigas políticas. Por meio da subserviência aos interesses de Roma, esses homens conseguiram manter o ofício de sumo sacerdote entre eles durante 27 anos, e tinham a firme intenção de manter-se no poder.

Agora, João apresenta Jesus realizando o processo de purificação do Templo, que Malaquias havia predito. A palavra "mercado", usada por Jesus, indica que ele estava agindo contra a profanação desse lugar sagrado, por ter-se instalado ali um sistema de "sacrifícios e holocaustos" considerado pelos líderes como proteção contra o juízo de Deus, mas não o era (Os 6,1-6). Nada disso devia nos surpreender. A tendência de materializar e explorar o sagrado existe ainda hoje. É só recordarmos as cenas frenéticas nos grandes centros comerciais, na época do Natal e da Páscoa, para entender como a purificação profética da religiosidade é sempre necessária.

Não é que todos os doutores da Lei ou sacerdotes partilhassem dessa visão. A maioria dos sacerdotes era humilde, como também os rabis que ensinavam nas sinagogas espalhadas pelo país. Dentro dos padrões do seu entendimento da Lei e das Tradições, procuravam ser fiéis à fé dos seus pais. Certamente, eles ajudavam os romeiros que vinham ao Templo a elevar o coração a Javé e a fazer sacrifícios sinceros.

Mas o Evangelho mostrará um pequeno grupo desses líderes religiosos condenando a Jesus por causa da sua popularidade e da autoridade que ele exerce. Viram nele uma ameaça à "paz social", que Roma exigia que fosse mantida para deixar certa autonomia nas mãos dos líderes locais. Temiam que Jesus colocasse em perigo a estabilidade do sistema religioso, do qual eles se sentiam donos e que era tido como fonte de segurança diante do juízo de Deus (11,47-50). A influência desse grupo se fazia sentir em todo o Israel.

No versículo 16, pela primeira vez no Evangelho de João, Jesus chama a Deus de "meu Pai". Ele faz isso justamente no momento de exercer sua autoridade de Filho nesse lugar tido como a habitação de Javé, mas no qual dificilmente os pobres podiam sentir-se os preferidos de Deus. João diz que os discípulos lembraram das palavras do Salmo 69,10: "O zelo de tua casa me consumirá". De fato, a vida de Jesus será consumida na missão de revelar a face de seu Pai a um mundo sempre tentado a criar um Deus à sua própria imagem, ou seja, um Deus que fica preso no recinto do "sagrado" e que pouco se importa com a vida dos pobres e dos fracos, os quais a sociedade deixa entregues à própria sorte.

Vendo Jesus atuar, as autoridades religiosas reagem: "Que sinal nos mostras para assim agires?". Mais uma vez, as palavras com que Jesus responde podem ser compreendidas em vários sentidos: "Destruí este templo, e em três dias eu o levantarei". Os líderes entendem que Jesus está falando do prédio material. Em certo sentido, eles têm razão; Jesus está lhes avisando que, por causa da hostilidade deles, os sumos sacerdotes estão perdendo a oportunidade da paz que ele oferece a Israel. Recorrerão à violência contra Roma, que terminará na destruição de Jerusalém pelo exército romano.

Mas as palavras exprimem também a fé da Igreja, pois Jesus está profetizando que seu Corpo, que eles irão destruir, se tornará o lugar definitivo de nos encontrarmos com Deus (8,19; 12,44-45; 14,9). Assim, para a comunidade cristã, não é nem Templo, nem Lei, nem nada que surja da nossa força humana, que nos faz sentir confiantes diante de Deus. É, sim, somente Jesus de Nazaré, agora o Cristo Ressuscitado e Glorioso, que venceu o pecado e a morte, e que é a razão da nossa confiança diante de Deus (20,17), pois ele é Pai da gratuidade.

João 3

A verdadeira luz ilumina um doutor da Lei

Introdução

Diante dos seus conterrâneos, Nicodemos tem tudo para se sentir um homem de bem. Conforme a cultura daquele lugar, sua vida é admirável em todos os aspectos. Ele é aquele fariseu que Paulo descreve em Filipenses 3,4-6, nascido do povo eleito, educado nas melhores escolas, irrepreensível na observância da Lei e da Tradição. Além disso, ele é membro estimado do Sinédrio, o mais alto Conselho de Israel (7,50). Por tudo isso, é honrado nos altos círculos sociais de Jerusalém. Mais ainda, conforme o sistema farisaico, ele tem a certeza de estar bem diante de Deus.

Porém, junto com outros grupos dos fariseus, Nicodemos é capaz de se questionar. A autossuficiência promovida pelo sistema farisaico não conseguiu apagar a luz que brilha nas profundezas da sua consciência e lhe causa inquietação. Ele e esses grupos encontram-se perplexos diante da figura de Jesus Cristo. Percebem que o Nazareno opera sinais que indicam que ele "vem de Deus". Mas não se sentem livres para se aproximarem dele à luz do dia.

1,1–21

A conversa com Nicodemos

No encontro de Jesus com Nicodemos, vemos como a vida de amor em Jesus se torna luz que penetra e ilumina as nossas trevas. Jesus o recebe na hora que é determinada pelo medo que o fariseu tem de ser visto pelos colegas em companhia de Cristo, à noite. Jesus o recebe naquilo que Nicodemos é capaz de dar naquele momento da sua caminhada. Em uma só frase, desfaz a autossuficiência de Nicodemos. Diz a ele simplesmente: "Precisas nascer do alto!", ou seja, "De grande mestre em Israel, tu precisas te tornar um bebezinho".

No versículo 6, Jesus afirma que "da carne nasce a carne". Aqui se trata do nascimento da vida humana (em grego, a *psychê*). Essa vida é um dinamismo que se desenvolve em todas as formas biológicas, psicológicas, sociais e espirituais que lhe são próprias. Mas é sempre marcada pelo egoísmo humano. Não alcança a liberdade dos esquemas de pecado pessoal e coletivo, no qual todos nós nascemos. É também uma vida destinada a morrer. Por todas estas razões, essa vida é nascida "da carne".

Todo o Evangelho de João está nos mostrando que o homem tem a possibilidade de ser vivificado por outra qualidade de vida, que não seja a da carne, e, sim, "do Espírito". É vida divina. É vida que é luz; vida que é amor. O dinamismo dessa outra vida ajuda a pessoa a caminhar na direção da verdade, da liberdade, da imortalidade. É vida fértil, que faz todos viverem de maneira nova, como Jesus está fazendo no Evangelho.

Tanto Deus quer que sejamos vivificados por essa outra vida que ele "entregou seu Filho ao mundo", isto é, confiou Jesus à liberdade humana, mesmo prevendo que a maldade podia fazer o que quisesse com Jesus, como já havia feito com os profetas e como estava fazendo com João Batista. Sendo mais explícito, Jesus prediz que será "elevado da terra" (3,13-15). No sentido mais profundo, a palavra "elevado" é uma referência à crucificação, que Jesus prevê que irá acontecer.

No versículo 11, Jesus insiste que está falando de coisas que ele viu; é uma referência à sua condição de Filho que vive na intimidade do Pai que o enviou (1,18; 5,37; 6,46). É seu conhecimento deste Pai que ele está partilhando agora com o doutor da Lei.

Tanto no versículo 15 como no 16, Jesus diz que a principal finalidade da obra realizada pelas pessoas divinas é que os homens tenham a "vida eterna". Já sabemos que a "vida eterna" é a própria vida divina, a *zōe*, a vida do Filho que está junto ao Pai (4). Essa vida de amor está transbordando e se visibilizando aqui e agora, no encontro de Jesus com Nicodemos.

Ao mesmo tempo que explica o plano do Pai, Jesus assume esse mesmo plano. O dinamismo do amor divino no coração de Jesus faz dele o Filho obediente à vontade do seu Pai.

Mas essa mesma obediência, dentro de um mundo em pecado, está fazendo de Jesus o Cordeiro entregue às mãos dos homens. Esse mesmo amor divino que está em Jesus vem se mostrando na sua maneira muito humana de conversar com o fariseu: é o respeito pela inteligência do seu interlocutor; é a sua paciência para com a falta de entendimento, mas também é exigência de fé, ou seja, de uma resposta livre e responsável a esse plano do Pai que Jesus acabou de explicar. Jesus mostra que o Pai pede do fariseu o rompimento com os esquemas de autojustificação e de ritualismo, para que possa se abrir, na fé, à oferta gratuita de salvação que Jesus lhe está revelando.

Nos versículos 19-20, João descreve o conflito entre luz e trevas. As obras de Jesus revelam o Pai e mostram um caminho para nós o seguirmos. Elas convidam a crer e a andar na luz. Mas há pessoas que investem suas energias em obras que precisam da cobertura das trevas (3,20), pois suas obras são más.

Como é profundo esse olhar de Jesus para dentro do coração humano! Somos facilmente seduzidos pelo fascínio das nossas próprias realizações e pela recompensa que esperamos do sistema em vigor, seja em forma de dinheiro, seja em forma de elogios e de promoção pessoal. Todo o tempo, estamos fugindo da luz que expõe as várias formas de egoísmo inerentes à nossa maneira de agir, que se apoia na prática das injustiças geradas pelo sistema sociopolítico no qual estamos situados. Assim é o coração daqueles "que recebem glória uns dos outros, mas não procuram a glória do Deus único" (5,44).

Bem diferente é o caso daquele que "age na verdade". Este reconhece em Jesus a luz que busca para tudo que a vida lhe traz. De fato, essa aproximação à luz que é a pessoa de Jesus é progressiva e demorada. Implica alcançarmos uma visão crítica desse sistema, como João nos mostrará na trajetória do próprio Nicodemos, que ele relatará no Evangelho (7,50-51; 19,39).

João 4

A verdadeira luz brilha na solidão de uma samaritana

Introdução

A vida de Jesus em meio ao povo é transparente, seja na Galileia ou nos arredores de Jerusalém. Muitas vezes sua vida encontra-se em perigo. Sua popularidade já ultrapassou à de João Batista. Os fariseus têm notado que Jesus "faz mais discípulos que João". Por isso, está sob a mira dos mesmos chefes religiosos que tinham enviado emissários para interrogar João.

Seja na Galileia ou na Judeia, o Jesus de São João não prega outra coisa senão a plenitude da vida para todos os seres humanos, ou, em termos de Evangelhos Sinóticos, o Reinado do seu Pai. Mas isso implica que sua autoridade e sua doutrina vão sendo reconhecidas e obedecidas, ocasionando conversões pessoais e em transformações sociais. Isso faz surgir ódio contra ele. Paradoxalmente, embora Jesus apele para a compaixão dos sofridos, o povo quer ver seus milagres. Tudo isso deixa Jesus mais solitário na dedicação a sua missão.

Consciente da hostilidade dos "donos do sistema", Jesus sai da Judeia e vai para a Galileia. No caminho, passa pela cidade de Sicar, na Samaria. Lá, sob o pleno sol do meio-dia, "fatigado da caminhada", Jesus se senta ao lado do poço da cidade, enquanto seus discípulos vão à procura de comida. Esta descrição tão humana de um Jesus exausto da caminhada é prelúdio de uma das narrações mais humanas no Evangelho.

Acabamos de ver a maneira de Jesus tratar com Nicodemos, um dos mais estimados líderes religiosos da capital de Israel. Agora o veremos tratar com uma mulher que pertence a um povo herege e que, certamente, é desprezada na própria Samaria.

4,1-26

A conversa com a samaritana

A vinda da samaritana ao poço, na hora em que todos estão repousando em suas casas, já é uma indicação de como ela cultiva uma rotina de vida que a isola dos seus conterrâneos. Vendo um homem perto do poço e percebendo que era judeu, não podia imaginar que qualquer palavra dele pudesse ser dirigida a ela. Primeiro, porque a conversa a sós entre pessoas de sexos diferentes não era bem-vista naquele mundo; segundo, conforme a explicação do próprio João, porque "os judeus não se davam com os samaritanos". Mas Jesus lhe faz um pedido: "Dá-me de beber!". É o pedido mais humano possível, diante do qual ninguém se recusa a conceder; porém, vindo de um judeu, suscita a curiosidade da mulher. Ela mostra algo de sua forte personalidade ao questionar Jesus sobre o fato de ele ter desrespeitado as normas culturais que os separam: "Como é que tu, judeu, pedes de beber a mim, que sou uma samaritana?".

No diálogo que segue, ele fala coisas que a mulher não entende, mas que suscitam sua curiosidade.

A curiosidade da samaritana aumenta ao ouvir Jesus falar da "água viva" que ele pretende dar a quem pedir. Afirma que essa água "saciará toda sede e jorrará para a vida eterna". Confusa com essa linguagem, a samaritana ainda pensa materialmente. Ela pede: "Senhor, dá-me esta água!". Ao responder a este apelo, Jesus mostra de novo o seu conhecimento misterioso das pessoas (1,48; 2,24-25). Diz, simplesmente: "Vai chamar teu marido". Quando ela nega ter marido, ele a assusta: "Falaste bem. Já tiveste cinco e o que tens agora não é teu marido".

Com estas palavras, Jesus se torna vulnerável diante da samaritana, pois, com uma só palavra, ela podia cortar o diálogo e o relacionamento, simplesmente por dizer a Jesus: "Isto não é da sua conta!".

Mas a samaritana não o faz. Ela não o compreende, mas percebe que ele lhe quer bem. Talvez pela primeira vez na vida, ela se sinta na presença de um homem que tem por ela um amor puro e solícito e que não é interesseiro nem julgador. Ela vê no conhecimento que Jesus tem da sua vida particular um sinal que aponta para alguma verdade mais profunda a respeito dele. Sente o convite para descobrir o mistério da sua pessoa. A categoria bíblica que ela usa para identificar Jesus é muito alta: "Senhor, vejo que tu és um profeta! És um homem que fala em nome de Deus!".

Logo em seguida, porém, a mulher recorre a uma tática evasiva. Ela não prossegue no assunto levantado por Jesus. No momento, não tem condições de entrar diretamente na questão dos seus muitos maridos. Aliás, como é comum entre nós, ela tem habilidade em separar a sua religiosidade da sua vida prática. Assim, dirige a conversa para algo menos ameaçador, mas que, de fato, a interessa. Indaga a Jesus sobre a briga teológica entre judeus e samaritanos.

Jesus não força a conversa sobre os desvios da vida particular da mulher. Confia num caminho mais seguro para conduzi-la à conversão: é o conhecimento dele mesmo e a experiência do seu amor misericordioso por ela. É justamente isso que está se realizando através do relacionamento bem humano entre os dois. A maneira de Jesus tratá-la faz a mulher sentir a própria dignidade feminina. Sente-se respeitada na sua inteligência e na sua liberdade. Jesus mostra que está aberta para ela a possibilidade de uma felicidade maior, que se dará pela experiência do conhecimento pessoal dele mesmo. Assim, na sua resposta, Jesus afirma simplesmente que "a salvação vem dos judeus". Mas ele vai além da questão sobre os lugares sagrados e se refere a uma nova ordem religiosa que está para vir, e que já está se iniciando: "Vem a hora, e é agora, em que nem neste monte nem em Jerusalém... os verdadeiros adoradores adorarão o Pai no Espírito e na verdade".

Naquela "hora", todas as formas prévias de se relacionar com Deus serão ultrapassadas. Jesus afirma à samaritana que essa "hora já está aqui". Ela se faz presente no relacionamento que ele mantém com essa mulher: no respeito para com aquilo que ela é capaz de assumir no presente; na pureza do seu olhar que a faz crescer na compreensão da sua própria dignidade; no convite que fez para ela conhecer sempre mais a sua pessoa; na missão que ela terá de agora em diante de ser testemunha dele. Com isso, ele está oferecendo a possibilidade de uma libertação pessoal sempre maior.

Toda essa maneira com que Jesus trata essa mulher serve de exemplo concreto do seu amor para com o Pai "no espírito e na verdade". Pois é no amor sendo vivido neste relacionamento delicado, respeitoso e libertador com uma mulher herege, pecadora e reclusa, que Jesus está adorando seu Pai! É o amor entre as Pessoas divinas transbordando do coração de Jesus em forma de palavras e gestos que comunicam sua atitude para com a ela. É o Filho Unigênito, "cheio de graça e de verdade", sendo modelo para a comunidade joanina e para todos nós da comunidade de fé cristã.

A mulher já reconheceu que Jesus é um profeta. Agora, percebendo a profundidade da resposta que ele dá à sua indagação sobre o Templo, ela se lembra de uma figura ainda mais sublime que a de um profeta: "Sei que o Messias está para vir". A samaritana está prestes a reconhecer a identidade do Messias em Jesus. Mas ele a antecipa. Confirma aquilo que a intuição feminina dela já está vislumbrando, ao afirmar simplesmente: "Sou eu, este que fala contigo".

4,27-45

A fé penetrante dos habitantes de Sicar

A arte literária de João continua a se mostrar na narrativa. "Naquele instante" os discípulos chegam das compras e "se admiram" ao ver Jesus falando com uma mulher. É a reação típica de homens que agem a partir "de baixo", ou seja, sob o peso de normas que separam e classificam as pessoas. A mulher, ao contrário, sente a força libertadora que lhe veio desse homem que prometeu dar-lhe a "água viva" e que ela acredita ser o Messias de Deus. Ignorando o olhar perplexo dos discípulos, ela deixa seu cântaro no lugar e vai às pressas à cidade, agora sem medo do olhar de desprezo que, habitualmente, recebe dos concidadãos. Ela é impelida a partilhar com eles a alegria da descoberta que fez. Sem saber, ela usa as mesmas palavras que Jesus tinha dito aos primeiros discípulos, e que Filipe disse a Natanael: "Vinde ver!". Porém, o anúncio que ela faz mostra que a sua fé ainda está muito ligada ao sinal do conhecimento profético dela, que Jesus demonstrou ter em relação a sua história: "Disse-me tudo o que fiz".

Enquanto isso, aos discípulos, perplexos ao vê-lo recusar a comida que lhe trouxeram, Jesus responde: "Meu alimento é fazer a vontade daquele que me enviou e realizar sua obra".

Com esta frase, João nos mostra, mais uma vez, aquilo que é sempre central no coração de Jesus, não somente durante o encontro com a samaritana, mas também em cada momento da sua vida. Jesus é sempre o Filho que está junto com o Pai, voltado para o seio dele, unido a ele na obra de revelá-lo ao mundo.

No fim deste episódio, João relata que, a pedido dos samaritanos, Jesus ficou mais dois dias naquela cidade, e, depois desse tempo passado entre eles, "muitos acreditaram por causa da palavra dele". Já vimos como, no Evangelho de João, a fé que surge por causa da palavra é mais profunda que a fé por causa de sinais, pois, se os sinais são luz que apontam para o mistério de sua Pessoa, as palavras de Jesus são luz que ajudam a desvendar o significado interior tanto dele como da salvação que nos traz. Um exemplo dessa fé é dado agora pelos concidadãos da samaritana. Pelas palavras que ouviram durante os dois dias em que estiveram com Jesus, os cidadãos de Sicar descobriram nele um significado mais profundo que as categorias judaicas de "profeta" e "messias". Eles veem Jesus em termos explicitamente universais e assim testemunham: "Nós próprios o ouvimos e sabemos que este é verdadeiramente o Salvador do mundo!".

Nos versículos 43-45, Jesus e seu grupo prosseguem para a Galileia. João indica que Cristo foi bem recebido por lá, pois muitos tinham participado da festa em Jerusalém e "tinham visto tudo o que ele fazia", ou seja, a fé dos seus conterrâneos consistia mais em entusiasmo ao ver suas obras milagrosas do que em atenção às suas palavras. É um tipo de fé que Jesus não rejeita, mas que tem de ser aprofundada pela reflexão sobre a palavra dele, como no caso de Nicodemos, da mulher samaritana e dos próprios discípulos.

4,46-54

Jesus volta a Caná, onde um oficial do rei acredita ser ele o doador de vida

Com esse trecho, São João está concluindo uma seção do seu Evangelho. Indicação disso é a volta de Jesus e seu grupo a Caná da Galileia, "onde tinha transformado água em vinho". Aquele foi o "primeiro sinal" dado por Jesus e o resultado foi que seus discípulos "creram nele". Para estes amigos de Jesus, o sinal em Caná foi o ponto de partida para um conhecimento que se foi aprofundando pelo seguimento de Jesus. Agora, também em Caná da Galileia, Jesus lhes dará um "segundo sinal".

Já vimos em 4,45 como os Galileus, que tinham visto os milagres de Jesus em Jerusalém, procuravam-no mais por causa dessas realizações do que pela fé na sua Pessoa e por interesse no seu ensinamento. Agora, um desesperado "funcionário real" procura Jesus e lhe pede que venha curar seu filho, "que está à morte". Com as palavras, "Vai, teu filho vive", Jesus realiza a cura naquela mesma hora e sem sair do lugar onde estava. Com essa atitude, ele quer que o funcionário tenha olhos para perceber o significado mais profundo do seu gesto como doador da vida. No resto do trecho, João mostrará que o homem e toda a sua casa alcançou esta fé (4,53).

No dia seguinte, ainda no caminho para casa, o pai recebe de seus servos a boa notícia: "Teu filho vive!". Ao indagar aos servos, o pai descobre que a criança se sentira melhor exatamente na sétima hora, aquela em que Jesus lhe dissera: "Teu filho vive!". Diante da cura, a reação do pai e de toda a sua casa é imediata. Mais uma vez João diz que "ele e todos os da sua casa acreditaram".

Em que sentido teriam acreditado esse homem e toda a sua casa? Em sentido mais superficial, ele acreditou na palavra de Jesus, que afirmara que seu filho iria viver, ou seja, acreditou que Jesus tinha curado seu filho, mesmo estando distante dele. Mas, como acontece sempre em João, aprofundando-nos um pouco mais na narrativa do episódio, encontramos um significado simbólico no versículo 53. É especialmente importante notar que São João repete três vezes a mesma frase dita por Cristo: "O teu filho vive!" (50.51.53). O homem e toda a sua casa acreditaram nestas palavras de Jesus, ou seja, acreditaram que Jesus Cristo era doador de vida.

Mas é justamente isso que Jesus tem sido durante toda esta parte do Evangelho: de Caná da Galileia a Jerusalém, Jesus Cristo tem-se mostrado doador de vida. De diferentes maneiras e sempre de forma muito humana, ele tem dado mais vida às pessoas: a saber, aos discípulos, que chamou para "vir e ver" o segredo da sua Pessoa, capacitando-os, aos poucos, para serem aquele "nós" de que João fala no Prólogo; a Nicodemos, a quem revelou algo do plano do seu Pai e o colocou no caminho de crescimento, em solidariedade com ele próprio; à samaritana, a quem fez sentir sua dignidade de mulher e a tornou capaz de ser sua testemunha; aos samaritanos, que o escutaram durante dois dias e que vieram confessá-lo como "Salvador do mundo"; à criança à beira da morte, a quem restaurou a saúde e devolveu ao convívio familiar.

Durante todo esse serviço em prol das várias formas de vida humana, a atividade de Jesus era luz revelando a vida que ele tem junto ao Pai. É a vida que estava dentro do Verbo desde o início e que era luz para os homens. É vida que é comunhão e participação. É vida que dá vida.

Conclusão

Como seguidores de Jesus, somos chamados a viver a vida de Deus em nossa vida humana

De Caná da Galileia a Jerusalém, São João tem-nos ensinado continuamente que Jesus Cristo nos oferece a participação na "vida eterna", na *zōe aionion* que ele vive junto ao Pai (3,15.16.36; 4,14). Nas várias referências a Jesus e à sua "hora", vimos como ele estava consciente do preço que teria de pagar por ser luz que revela esta vida e que faz esta oferta a um mundo em trevas. Nós, leitores cristãos, sabemos que, naquela mesma "hora" à qual Jesus se referia, haveria de se revelar nele a plena glória do Filho de Deus. Veremos a que custo Deus nos faz participantes de sua própria vida. Mas, no Evangelho, essa plena glória está ainda velada aos olhos humanos. Se Jesus é sempre o Verbo Encarnado, ele atua com a simplicidade e a humildade do carpinteiro de Nazaré. Em tudo o que faz e fala, Jesus está chamando os homens e as mulheres a crescerem em uma fé que penetra além do nível superficial dos seus sinais, para atingir o sentido das suas palavras, fazendo descobrir algo do mistério da sua própria identidade como "Filho que está no seio do Pai".

Para aqueles que têm olhos para ver, a atuação de Jesus revelava traços do poder misericordioso e fiel do próprio Deus. Assim, nos discípulos que observam tudo o que ele faz e fala, e que irão testemunhar os acontecimentos da sua "hora", Jesus está forjando a impressão do mistério da sua Pessoa. Sabemos que o Evangelho de João narra a história da chegada gradativa dos discípulos à visão da glória divina escondida em Jesus de Nazaré. Como cristãos, somos herdeiros dessa visão de fé. Compreendemos, também, que João quer que o leitor enxergue, no próprio decorrer do Evangelho, essa glória de Deus se manifestando em Jesus. O autor deseja que fiquemos sempre conscientes de que estamos testemunhando a atuação da vida do Filho que está junto a seu Pai, e a oferta desta vida a nós.

Nota: Sugere-se que o próprio leitor pesquise o uso da palavra "vida" nos capítulos que consideramos até agora, para sentir a importância deste termo no Quarto Evangelho.

João 5

O mundo das trevas resolve matar o doador de vida

Introdução

O capítulo 5 é da maior importância para entender a trajetória de Jesus Cristo rumo à cruz. O episódio da cura do paralítico, aqui descrito, será a base dos acontecimentos e das controvérsias a serem relatados no resto do Evangelho. Assim, São João está começando a responder à pergunta que é central em nossa fé cristã. Na verdade, são duas perguntas: "Quem era Jesus de Nazaré e por que ele morreu na cruz?".

Sabemos que uma resposta a esta pergunta está na ponta da língua de cada criança já catequizada: "Jesus era o Filho de Deus, que morreu por nossos pecados". Esta resposta é totalmente verdadeira e se encontra em numerosos lugares no Novo Testamento (Rm 3,24-25; 4,8; Mt 1,21; 26,28...). Mas ela é uma resposta teológica. Afirma aquilo que a fé ensina sobre a morte de Jesus.

Entretanto, além desta resposta teológica, a pergunta sobre a razão da morte de Jesus exige também uma resposta *histórica*, ou seja, ela procura esclarecimento sobre a série de acontecimentos na vida de Jesus que o conduziram à morte. O que Jesus fez de concreto que causou tal reação contra ele e que, finalmente, teve consequências tão fatais? Mas que também revelou aos fiéis a sua identidade de Filho de Deus?

De fato, da mesma forma como os outros evangelhos, toda a narração de João responde a esta pergunta. Como nos outros evangelistas, a resposta de João parte da realidade na qual Jesus vivia. Assim, em termos históricos, o Jesus de João morreu por causa das opções que fez dentro de um determinado contexto sociocultural. No final, a mesma resposta que é encontrada nos três evangelhos sinóticos: Jesus morreu por revelar um Deus que, à nossa maneira de entender, ama demais cada pessoa humana (Mc 3,6; Mt 12,14; Lc 6,11; Jo 5,16; Mc 15,39).

Nota: Aqui o leitor poderia analisar estes trechos
para verificar a concordância entre João e os sinóticos.
O que tal concordância nos indica?

5,1-16

A cura do paralítico e a perseguição de Jesus

O homem com quem Jesus se depara neste capítulo é uma pessoa muito sofrida. Vítima infeliz de uma paralisia, sofria também da exclusão no sistema religioso. Como deficiente físico, estava legalmente desqualificado para a plena participação nos atos de culto no Templo. Na verdade, como pessoa, esse homem é pouco atraente. Parece não ter amigos e ser uma pessoa sem iniciativa, acomodado à sua situação. Uma vez curado, deixa que Jesus vá embora sem lhe agradecer. Depois, mostra-se insensível em relação à situação de perigo na qual Jesus se colocou por sua causa. No diálogo com "os judeus" (designação joanina que aqui significa "as autoridades religiosas"), o homem não sabe dizer nem o nome do seu benfeitor. Encontrando-se de novo com Jesus, não manifesta nenhum sinal de gratidão e muito menos de fé. Do início até o fim do episódio, ele não tem interesse no conhecimento mais profundo de Jesus, nem em crer nele. Está mais ansioso em agradar aos fariseus. Porém, é justamente por ter agido em favor desse homem no dia de sábado que Jesus será marcado para morrer.

O paralítico posicionava-se, anualmente, à beira de uma piscina cujas águas tinham fama de ser terapêuticas. Talvez Jesus tenha ouvido falar do seu caso e, por isso, o tenha procurado. Tomando a iniciativa, Jesus pergunta ao homem: "Queres ser curado?". O paralítico afirma que, apesar de ter ido ali por trinta e oito anos, ainda não havia encontrado alguém que o ajudasse a entrar primeiro na piscina, na hora certa. Na verdade, parece ter-se acomodado à sua enfermidade e a tudo o que isso implicava de dependência e exclusão. Por sua parte, Jesus não se acomoda diante do sofrimento desse homem, pois tal acomodação seria contrária à dinâmica do amor que é a própria vida das Pessoas divinas, a transbordar para a vida do mundo. O coração do Filho, que está no seio do Pai, compartilha do amor que o Pai tem por esse paralítico. Sabe que o Pai lhe deseja a plenitude do bem-estar físico, social e espiritual. Ele ordena ao homem: "Levanta-te, toma teu leito e anda!". Depois, Jesus sai de cena. Mas as suas palavras serão repetidas mais três vezes nos próximos versículos, e consideradas como justificativa para perseguir Jesus.

Carregar um leito no dia de sábado era um dos atos proibidos pela Tradição dos anciãos. Ao verem o ex-paralítico carregando seu leito no dia de sábado, os líderes religiosos o interrogam e descobrem que ele acabara de ser curado da paralisia pela mesma pessoa que lhe mandara carregar o leito. Com isso, a situação piora, pois a prática da medicina no dia de sábado também era proibida, fora um caso de vida ou morte. Pressionado pelos judeus, o ex-paralítico procura se justificar, colocando a responsabilidade de sua ação "naquele homem" que o mandara carregar o leito.

No versículo 14, mais uma vez, Jesus toma a iniciativa e aproxima-se do homem no Templo. Já o tendo libertado de um mal físico e da exclusão do culto religioso, Jesus exorta-o a afastar-se do mal espiritual: "Não peques mais". Não lhe exige nenhum ato explícito de fé, nem antes nem depois da cura. Sabe que ele não é capaz da fé desejada. Jesus respeita essa sua incapacidade. Não o curou por interesse proselitista. Ao contrário, como na ocasião do casamento em Caná da Galileia, a atuação de Jesus foi em resposta a uma necessidade humana. Foi um ato de pura gratuidade, um serviço em favor da plena saúde do paralítico e da sua reintegração na sociedade.

No versículo 15, o paralítico volta aos judeus e, sem pensar nas consequências que isso poderia trazer para Jesus, lhes "informa" qual é o nome daquele que o curou e que lhe mandou carregar seu leito. Parece tão ansioso em dar satisfação a essas autoridades hostis ao seu benfeitor que fica totalmente alienado com relação ao drama em que ele mesmo está envolvendo Jesus. Realmente, esse homem não é uma pessoa que suscita a simpatia do leitor! Mas é justamente por ele ter colocado o bem-estar dessa pessoa acima da Tradição do sábado que Jesus se torna agora um homem perseguido. No versículo 16, o evangelista afirma: "Por isso, os judeus (isto é, as autoridades religiosas) perseguiam Jesus, pois fazia tais coisas no sábado". Ou seja, essa total liberdade com relação aos preceitos do sistema religioso era habitual para Jesus, quando se tratava de ajudar uma pessoa em necessidade. Pior ainda, estava chamando seus discípulos a viver essa mesma liberdade que ele vivia. Essa cura e sua justificação servirão de base para os acontecimentos que se seguem nos capítulos 7 e 8, em torno das numerosas tentativas de matar Jesus (7,21).

5,17-18

Primeira parte da resposta de Jesus aos judeus: ele faz o que vê o Pai fazer

Plenamente consciente da atitude dos líderes em relação a ele, Jesus lhes explica por que age dessa maneira. Sua explicação é nada mais do que uma descrição da sua vida com Deus. Ele nos faz lembrar das palavras que lemos no Prólogo do Evangelho: "Ninguém jamais viu a Deus. O Filho Unigênito, que está voltado para o seio do Pai, este o deu a conhecer". Pressionado pelas autoridades, no versículo 17, Jesus afirma claramente que age dessa maneira porque ele é o Filho que conhece e obedece ao Pai: "Meu Pai trabalha sempre, e eu também trabalho".

Como Filho, Jesus vê como o amor do seu Pai transborda em forma de trabalho contínuo pela criação e pela humanidade. Aliás, os próprios judeus estão conscientes desse trabalho contínuo de Deus em prol das pessoas. Sabem que o poder dele sustenta toda a obra da criação e a vida de cada pessoa, a todo momento, para não deixá-las cair no caos (Sl 104; Is 40,26; 42,5). Sabem que Deus dá vida àqueles que nascem no dia de sábado e julga aqueles que morrem nesse mesmo dia. Assim, como Criador, Deus é livre para trabalhar no dia de sábado. Também o é como Salvador, pois, durante a história de Israel, Deus mostrou que é totalmente livre de qualquer impedimento para realizar as obras do seu amor em favor do seu povo, Israel. Mas, no pensamento dos judeus, somente Deus tinha essa liberdade; ninguém era igual a ele (Ex 15,11; Is 46,5; Sl 89,9).

Agora, porém, ouvem Jesus dizer que ele também tem essa mesma liberdade de Deus para agir em prol da humanidade.

Os fariseus entendem que Jesus está justificando a violação da Lei pela afirmação de sua liberdade, cuja origem está na sua identidade de Filho, que ele reivindica para si mesmo. Com isso, ele está dizendo que, assim como o Pai, o Filho também é maior do que a Lei de Moisés e maior do que todo e qualquer esquema religioso que se encontre sob a hegemonia dos chefes religiosos. Mais ainda: manifestando sua consciência de Filho e afirmando que possui plena autoridade e liberdade para atuar em favor das pessoas necessitadas, Jesus está reivindicando atributos divinos! Para os doutores da Lei, porém, conforme a lógica do monoteísmo judaico, Jesus está blasfemando. Com isso, redobra-se o ódio das autoridades religiosas em relação a ele. João informa-nos de que, "com maior empenho, procuravam matá-lo, pois além de violar o sábado, ele dizia ser Deus seu próprio Pai, fazendo-se igual a Deus".

Em resposta a esses homens, Jesus afirma, de novo, que ele age porque vê o Pai agir, e que é exatamente essa a missão que recebeu ao ser enviado pelo Pai (5,19; 3,34; 8,26; 12,49).

Jesus é livre das restrições criadas pelos homens porque é o Filho que conhece seu Pai. Como Filho, tem dentro de si a vida que é força do amor divino. Diante da revelação desse Deus que é amor, as determinações e os esquemas humanos são relativizados. Se estes são expressões da justiça e promovem a vida e a solidariedade de todos, então estão de acordo com a verdade. Mas, à medida que incorporam mecanismos de injustiça e de divisão e elaboram ideologias para mascarar as suas más obras, então são abusivos da liberdade humana e caem sob o julgamento da Luz, que continua a brilhar nas trevas.

5,19-30

Segunda parte da resposta de Jesus aos judeus: ele compartilha a vida de amor com o Pai

As obras maiores dele já estão sendo manifestadas no grupo de seguidores que se designa de "nós, que vimos sua glória".

Os fariseus querem matar Jesus por causa da obra que realizou no dia de sábado, e por ele dizer que agiu com a mesma liberdade com que Deus age. Agora, no versículo 20, Jesus afirma que o Pai ama ao Filho e tem em mente "obras maiores" que ainda serão feitas por ele. Quais são estas "obras maiores" que o Pai quer que Jesus realize?

Todas as suas obras são sinais da vida de amor que Jesus compartilha com seu Pai. Todas elas apontam para Jesus como Doador da vida. Assim, em todo Evangelho estamos vendo Jesus dando mais vida, tanto vida humana como "vida eterna" (3,15-16.36; 4,14). Em 5,24, Jesus acena mais uma vez para aquilo que o amor do Pai pretende realizar: "Quem escuta a minha palavra e crê naquele que me enviou, tem a vida eterna e não vem a juízo".

Obedecendo ao Pai em um mundo que não é livre para fazer isso, atuando com plena liberdade em favor das pessoas sofridas e descartadas, pelos que são vistos como justos da sociedade, Jesus já está sendo "entregue ao mundo", pois ele está revelando seu Pai e, ao mesmo tempo, a si mesmo como Filho que vive a vida do Pai. Mas é justamente nisso que ele escandaliza as autoridades mais influentes do país.

Jesus não irá desistir de ensinar o povo sobre o Deus que ele conhece e de agir com a liberdade do Filho que recusa ser intimidado pela força do sistema em vigor. Seus inimigos não irão deixar de ser sempre mais escandalizados e mais atemorizados por ele e de provocar medo no povo para afastá-lo dele. E nem o povo nem seus discípulos estão se mostrando capazes de entender o convite a se tornarem uma comunhão que pratica essa dinâmica de amor que Jesus promove, dentro de um contexto social que impõe limites a tais iniciativas.

5,31-40

Terceira parte da resposta de Jesus aos judeus: há quatro testemunhas a seu favor

Já sob o olhar de condenação dos líderes dos judeus, Jesus passa à ofensiva. Fala como alguém que está conduzindo um processo jurídico. Na lei judaica, exigiam-se duas testemunhas. Jesus arrola quatro. Suas testemunhas são das mais confiáveis para comprovar sua inocência. A primeira que Jesus cita é João Batista. Ele tinha apontado Jesus como aquele que "batiza com o Espírito Santo". A segunda testemunha são as obras de Jesus. Seus atos de amor gratuito em favor da vida das pessoas são transparentes para todos os que conhecem os profetas. A terceira testemunha é o próprio Pai que ele conhece, o mesmo que o envia e a quem ele obedece. Qualquer um que se abra a ele interiormente saberá verificar a autenticidade da atuação de Jesus. A quarta testemunha são as Escrituras. Testemunhos maiores do que esses não existem!

5,41-47

Conclusão da resposta de Jesus

Jesus especifica a razão mais profunda da incredulidade dos líderes religiosos: "Não tendes em vós o amor de Deus!".

No contexto desta passagem, "amor de Deus" significa a misericórdia de Deus operando em prol dos sofridos. Tal sensibilidade dispõe a pessoa a receber o dom da vida que é oferecida em Jesus. Jesus reconhece a lealdade dos seus discípulos (Lc 22,28). Apesar dos seus defeitos, mostram que se sentem bem em ficar com ele e vê-lo aliviar a dor de tantas pessoas. Sintonizam-se com as suas atitudes e já estão percebendo algo da sua "glória" na sua atuação a favor dos sofridos (2,11). Por causa dessa abertura, e apesar de estarem ainda muito condicionados, esses homens irão compreender as palavras de Cristo e a sua comunhão com o Pai.

Mas os líderes religiosos que aparecem nesta história não têm essa mesma sensibilidade. Não se alegram ao ver o paralítico andar e participar das festividades no Templo. Nem ficam satisfeitos ao ouvir Jesus dizer que sua liberdade em agir é baseada na maneira como o próprio Deus age. Insistem somente em afirmar que Jesus não observa os preceitos da Lei. Esses líderes mostram que estão longe de viver no espírito da Lei israelita, que é um espírito de proteção da vida e de compaixão para todos. São fundamentalistas de coração duro (Mc 3,5). O que mais procuram não é a "Glória do Deus único, mas a glória uns dos outros", dentro do sistema que eles mesmos criaram (44).

Os simpatizantes dessa ideologia se tornam surdos aos apelos que lhes vêm daqueles que o sistema marginaliza. Nisso, vemos as raízes de muitos conflitos que estão rachando sociedades e populações e que periodicamente nos levam à beira de uma conflagração violenta e global. É para semear sementes de uma nova organização socioeconômica que a reflexão cristã busca outros modelos que levarão a uma distribuição mais justa da riqueza que a natureza e o trabalho produzem. No mundo atual, que coloca a religiosidade sob o juízo de crianças moribundas e pais agonizantes, a autenticidade de qualquer forma de religiosidade se torna evidente por meio da conversão social que ela exige, a qual teria de ser nada menos de que uma reforma estrutural em torno da divisão de renda, que inclui tanto países ricos como pobres.

João 6

Será que este capítulo está fora de lugar no Evangelho?

Introdução

Muitos estudiosos afirmam que o capítulo 6 do Evangelho de São João parece estar fora de lugar, pois ele interrompe a sequência de acontecimentos narrados no capítulo 5 e que continuarão nos capítulos 7 e 8. Esses acontecimentos têm a ver com a cura do paralítico no dia de sábado. No capítulo 5, vimos os líderes religiosos, em Jerusalém, procurando matar Jesus por causa dessa mesma cura e por ele insistir que, ao realizá-la, estava agindo como Deus age. No capítulo 7, Jesus estará subitamente de volta a Jerusalém, onde o conflito iniciado no capítulo 5 continuará. De novo, João nos apresenta a determinação resoluta dos líderes de eliminar Jesus. No capítulo 8, Jesus revelará as raízes da condição de cegueira e de escravidão que estão levando esses homens a rejeitá-lo e a procurar matá-lo.

Dentro desse drama conflituoso entre Jesus e as autoridades religiosas, o capítulo 6 nos surpreende. Primeiro, por causa da descontinuidade geográfica com aquilo que o precede. De Jerusalém, no sul de Israel, onde se desenvolviam as cenas narradas no capítulo 5, Jesus agora se encontra subitamente "passando para a outra margem do mar da Galileia". Segundo, há uma descontinuidade cronológica.

No capítulo 5,1, João tinha dito que Jesus estava em Jerusalém "por ocasião de uma festa", sem dizer de qual festa se tratava. Sabemos que os judeus eram obrigados a ir a Jerusalém, a cada ano, para três festas principais: Páscoa (na primavera), Pentecostes (cinquenta dias depois da Páscoa) e Tabernáculos (no outono). Agora, João nos informa que estamos perto da festa de outra Páscoa (v. 4). Assim, alguns meses se passaram desde a cura do paralítico. Finalmente, há uma descontinuidade de temas. No capítulo 6, não há qualquer referência à controvérsia suscitada pela cura do paralítico. Será, então, que existe alguma razão que possa explicar a colocação desse capítulo ali no Evangelho?

Para podermos responder a esta pergunta, precisamos olhar o contexto maior da narração, no qual o capítulo 6 está inserido. Desde o início do seu Evangelho, João nos tem mostrado Jesus vivendo a vida do Filho que está voltado para o seio do Pai. Vimos, repetidamente, como essa vida divina, em Jesus, é amor que transborda; amor que faz os outros viverem mais plenamente e os atrai para uma convivência fraterna. Em diferentes lugares, João tem mostrado Jesus oferecendo-nos a participação na mesma vida (*zōe*) que ele vive junto ao Pai (3,15; 4,14; 5,24-26).

No capítulo 5, vimos como a liberdade para amar é inerente à vida divina que Jesus nos oferece. Mas é justamente essa liberdade que não temos por nós mesmos. João indicou isso ao mostrar como o exercício da liberdade de Jesus entrou em conflito com os esquemas pessoais e sociais que operam para condicionar e limitar essa mesma liberdade. Jesus priorizou o bem-estar do paralítico sobre o esquema rígido que a Lei do sábado havia assumido. Essa atitude de Jesus causou o ódio e a perseguição dele por parte de pessoas bem colocadas dentro do sistema em vigor. No decorrer do Evangelho, o conflito que se iniciou no capítulo 5 terminará eventualmente na morte de Jesus Cristo. Até o fim da sua vida, nem o povo nem seus discípulos mostrarão capacidade de ser livres como Jesus manifestava ser, pois, para isso, era necessário que a água viva do Espírito corresse do lado de Jesus. Vimos, no Prólogo, que a liberdade de amar "vem a nós" de Jesus Cristo, em forma de "graça e verdade" inerentes à vida divina (1,17). O capítulo 5 lembrou-nos de que esse dinamismo de amor poderá nos envolver num conflito dentro do contexto social em que vivemos. Certamente nos levará a um conflito com os esquemas de egoísmo que estão ainda dentro de nós mesmos.

É aqui que chegamos ao teor do capítulo 6.

A vida de Jesus está em nós para ser força de amor no mundo. Mas essa vida, que nasce de Deus, tem de ser continuamente alimentada por Deus, pois, por nós mesmos, não temos a vida que vem do alto. Somos "de baixo" (7,22) e há muitas forças em nós que se opõem à liberdade de amar, que é a essência da vida divina.

No capítulo 6, Jesus se apresenta como "pão da vida", "pão do céu", "pão de Deus", "pão vivo". Esta linguagem é compreensível para os fiéis de uma comunidade pós-pascal, que se alimenta regularmente tanto de "pão", que é a Palavra de Deus, como de "Pão", que é o Corpo de Cristo. Assim, situado no meio de um conflito radical entre Jesus e os chefes religiosos, que começou no capítulo 5 e terá continuidade no capítulo 7, o capítulo 6 nos questiona como membros de uma comunidade eucarística: "Qual o fruto das celebrações que vocês realizam?".

6,1-28

Jesus alimenta uma multidão, foge da reação que isso causa e aplica a si mesmo o nome divino

Estamos no capítulo 6. Tendo chegado à "outra margem do mar da Galileia", Jesus se encontra cercado por uma grande multidão atraída por ele, em razão das curas que tem operado. Solícito diante da possibilidade de tanta gente passar fome naquele lugar isolado, Jesus pergunta a Filipe: "Onde compraremos pão para alimentá-los?". João diz que Jesus estava "testando" Filipe, pois já sabia o que iria fazer. André informa que um menino trouxe alguns pães e peixes. Jesus manda que o povo se acomode pelo chão, pois ele mesmo iria oferecer uma ceia. Todos comem bem e os restos enchem doze cestos. Assim, João descreve mais um "sinal" realizado por Cristo. Será o último dado na Galileia.

Em que sentido essa refeição é um "sinal"? A resposta tem a ver com a cultura israelita. Cada refeição em comum prefigurava a comunhão escatológica que haveria de acontecer entre os justos e Deus no banquete do Reino. Nos evangelhos, todas as refeições que Jesus toma — com os discípulos, com os pecadores, com o povo — são sinais do convite que ele lhes faz para partilhar já agora essa alegria eterna do Reino. Cada ceia é uma experiência de comunhão com Jesus e conduz à comunhão com seu Pai.

É este o significado mais profundo dessa refeição que Jesus oferece ao povo, ao lado do lago da Galileia. Mas não é isso que a multidão entende.

"Vendo este sinal", o povo o interpreta de maneira diferente. Reconhece em Jesus "o profeta que devia vir a este mundo". Aqui já há uma fé inicial em Jesus. Mas esse reconhecimento suscita o desejo, sempre latente no povo, de ter um rei poderoso que o libertaria da opressão estrangeira. Vendo o "sinal" do pão, entendem que talvez Jesus possa ser esse rei. Beneficiada pelo poder milagroso desse homem, a nação prosperaria e o povo teria a vida cômoda que todos desejavam. Sob um rei poderoso como Davi, Israel podia vingar-se de Roma. Aliás, era justamente essa uma das maiores preocupações dos líderes dos judeus, que temiam a popularidade de Jesus, pois achavam que ele iria se proclamar rei e chefiar uma rebelião que traria, como consequência, a repressão violenta do exército romano, sempre pronto para esmagar insurreições populares (11,48). Nesta cena, a reação do povo em relação a Jesus mostra como, de fato, tais esperanças políticas facilmente surgiam no meio popular.

Vendo essa reação do povo, Jesus faz seus discípulos embarcarem imediatamente, enquanto ele mesmo se retira sozinho num monte, onde ficará rezando ao Pai. Na intimidade de sua oração, podemos supor que Jesus pede ao Pai orientação para poder conduzir o povo a um conhecimento mais adequado dele e da sua missão. Diante da contínua incompreensão a respeito de si mesmo e da sua missão, este pode ter sido um dos pedidos mais constantes na oração de Jesus (Mc 1,35-36; 6,45-46; Jo 6,15).

No capítulo 6,45-52, os discípulos, remando contra um mar agitado, estão indo rumo a Cafarnaum. Que surpresa tiveram ao ver Jesus vindo ao seu encontro, "caminhando sobre o mar"! O medo dos discípulos é a reação característica daqueles que se veem diante de uma manifestação misteriosa e divina. Na cultura bíblica, dominar as águas era algo possível somente para Javé, pois somente ele tinha força maior que a do mar (Sl 74,12-15). Assim, o ato de caminhar sobre as águas é mais um sinal que aponta para a identidade de Jesus. Nesse contexto, suas palavras no versículo 20 são de grande significado: "Sou eu!". Em grego, João escreveu: "*Ego Eimi*". Estas são as mesmas palavras que Deus falou da sarça ardente, ao identificar-se a Moisés: "'Sou Eu' é meu nome" (Ex 3,7). Agora, Jesus usa esse nome para si mesmo, enquanto mostra que possui a mesma força que Deus para alimentar o povo e para dominar as águas. Neste trecho, então, São João está corrigindo o erro do povo, que acabara de ver em Jesus o rei que estavam esperando. Muito maior do que qualquer político poderoso, Jesus tem uma autoridade enraizada na sua identidade divina. E a proximidade desse evento com a ceia no deserto indica que essa qualidade divina de Jesus deve ser associada com a Eucaristia (Mt 14,16-21; Mc 6,45-52; Mt 22-32).

Nos versículos 22-28, o povo vem atrás de Cristo não por terem entendido o significado mais profundo dos seus "sinais", e, sim, por causa do pão material que receberam dele e das esperanças políticas que colocavam nele. Jesus orienta o povo a "trabalhar pelo alimento que perdura até a vida eterna; alimento que o Filho do Homem lhes dará". Com isso, já estamos dentro do ensinamento principal deste capítulo, pois, agora, João tratará desse alimento para a vida eterna e da fé necessária para recebê-lo dignamente.

6,29-50

Jesus é, todo ele, Pão da Verdade

No versículo 29, Jesus diz ao povo que "a obra de Deus é que acreditem naquele que Deus enviou". Nisso, ele está chamando o povo a abrir-se ao Pai, pois Deus já está trabalhando no coração dos ouvintes para conduzi-los ao reconhecimento de Jesus como enviado do Pai. O povo, porém, fica preso à dimensão exterior dos milagres e exige que Jesus faça um sinal espetacular para, assim, ser forçado a crer nele. Citam o exemplo de Moisés. Diante das queixas dos israelitas que passavam fome, Moisés acabou intervindo junto a Javé, que providenciou o maná no deserto (Ex 16,4). Mas Jesus nunca realiza milagres somente para forçar a fé. Tanto a ação do Pai em nós quanto o modo de agir de Jesus respeitam a nossa capacidade de reconhecer a verdade e nos abrir à luz, de maneira consciente e livre.

A referência ao maná dado aos israelitas abre espaço para João usar, mais uma vez, o simbolismo do Antigo Testamento. Em alguns livros da Escritura, o maná se tornara símbolo da Sabedoria que Deus comunicou aos judeus, por meio da Lei e da Palavra (Sb 16,20.26). Em vários textos, os judeus eram convidados a participar do banquete desse alimento celeste, que era a Sabedoria (Pr 9,1-5), pois, mais importante do que o pão material, era o pão espiritual, ou seja, toda Palavra que vem da boca de Deus (Dt 8,3). Partindo dessa noção do maná como símbolo da verdade revelada por Deus, Jesus vai muito além da ideia do Antigo Testamento. Ele afirma que a verdade divina está sendo oferecida aos judeus agora, com sua vinda: "Eu sou o pão da vida!" (35), ou seja, Jesus de Nazaré é sabedoria de Deus. É a verdade de Deus (14,6).

Chamar a verdade divina que está se revelando em Jesus de "pão" implica que tudo a respeito de Jesus de Nazaré deve ser cuidadosamente estudado, contemplado, interiorizado, da mesma forma como o pão é mastigado e assimilado por nosso organismo. Devemos procurar continuamente aprofundar nossa compreensão do significado da pessoa de Jesus, da sua vida e da sua atuação. Tudo a respeito de Jesus deve passar para dentro do fiel. Que João está falando nestes versículos da necessidade dessa interiorização da verdade, que é o próprio Jesus de Nazaré, aparece pelas palavras "crer" e "acreditar", continuamente presentes nesta seção do discurso (29.30.35.36.40.47).

No Evangelho de João, o fato de alguém "crer em Jesus" dessa maneira já é evidência da ação de Deus no seu coração, pois é "vontade do Pai" que a pessoa que vê o Filho e nele crê ressuscite no último dia e tenha a vida eterna (39-40). O Pai não somente quer isso como também trabalha para isso (29). Ninguém pode vir a Jesus com fé, a não ser que seja "atraído para ele pelo Pai" (44). Aqueles que procuram "este pão" que é Jesus estão sendo "ensinados por Deus" (45); estão "ouvindo a voz do Pai" (5,37); estão aprendendo, dele, a vir ao Cristo (37); estão se abrindo à verdade daquele que vem de junto de Deus e que revela o Pai que ele viu (6,46; 1,18).

Esse "comer do pão da vida" implica nossa entrega a Jesus de Nazaré, para sermos transformados pela verdade, que é ele próprio. Por sua vez, essa transformação se mostra na tentativa de um fiel seguimento de Jesus. Implica aceitarmos as consequências de amar com a liberdade que Jesus tinha. Assim, todo tempo que estivermos procurando ser fiéis, estaremos sentindo a nossa própria fraqueza e a necessidade de sermos fortificados pela Palavra, ou seja, de comer mais do pão da verdade.

Quem entra nesse processo já tem a vida eterna (47), pois está comendo e digerindo o pão da vida que é Jesus (48).

6,51-58

A própria Carne do Verbo é Pão Vivo descido do céu

Nos versículos 29-50 do capítulo 6, acabamos de ouvir Jesus falando de si mesmo como "pão" que é a Sabedoria de Deus, ou seja, como verdade divina que deve ser acreditada por nós. Agora, nos versículos 51 a 58, Jesus fala de si como "pão vivo" que dá a vida: "Quem comer deste pão terá a vida eterna" (1,4; 3,15-16; 4,14; 5,24).

No versículo 51, Jesus esclarece o sentido de ele autodenominar-se de "pão vivo": "O pão que eu darei é minha carne dada para a vida do mundo". A palavra "carne" nos lembra do Prólogo: "O Verbo se fez carne". A expressão "dada para" é linguagem de sacrifício; invoca a memória do Cordeiro de Deus que tira os pecados do mundo (1,29; Is 53,4-8). (Para nós hoje, esta mesma expressão faz lembrar da "fórmula de consagração" na celebração eucarística, que é realizada nas nossas comunidades cristãs [Lc 22,19; 2Cr 11,24].)

Nestes versículos, Jesus está olhando mais uma vez para os acontecimentos da sua "hora". Será justamente na hora de ele ser "elevado da terra" na cruz que Jesus dará a sua Carne, isto é, a sua humanidade, como oferta para a vida do mundo (3,14; 12,32). Será o Cordeiro que intercederá por nós junto do Pai (14,16) e que continuará a atualizar o seu sacrifício para a vida do mundo. É o Cordeiro de Deus cujo Corpo é "dado" e cujo Sangue é "derramado" sacramentalmente na missa, como oferta agradável a Deus, para, depois, ser dados a nós como "verdadeira comida" e "verdadeira bebida" (55). Assim, se a palavra-chave na primeira parte do discurso era "crer", agora é "comer" (51.52.53.54.56.57.58) e "beber" (53.54.56).

Nos versículos 56-57, Jesus fala da comunhão entre ele e nós, a qual o pão vivo da Eucaristia faz aprofundar. Afirma que, comendo desse pão, permanecemos nele e ele em nós. É comunhão de vida! Da mesma forma que Cristo vive pelo Pai e tem a vida do Pai dentro dele, nós que comemos a sua Carne e bebemos o seu Sangue partilhamos dessa mesma vida. É a constatação mais profunda de todo esse discurso. É a nossa simbiose de vida com o Pai por meio do Filho. É o nosso beber do rio da água viva que procede do lado aberto do Nazareno (7,37-39). É a "obra maior" do Filho e do Pai (5,20-21.24-26; 6,44). É o efeito da Eucaristia recebida na fé.

No capítulo 6, então, São João está nos instruindo sobre a Eucaristia. O discurso sobre o pão que é a verdade que veio do céu (29-50) precedeu o trecho sobre o pão que é a "Carne" do Verbo Encarnado (50-58). João está dizendo que precisamos mastigar a Palavra de Jesus antes de mastigar o seu Corpo. Tudo sobre Jesus de Nazaré tem de ser contemplado e interiorizado por nós. Assim, na liturgia eucarística, é somente depois de ouvir a sua palavra que nós nos unimos a Jesus na oferta do seu Corpo e do seu Sangue, presentes no altar como atualização do seu sacrifício. E é somente depois de nos unirmos a ele na atualização da sua agonia e morte que o recebemos no sacramento, como Pão Vivo descido do céu, pois é justamente sua morte que realiza a plena força do amor de Deus por nós, isto é, que alcançamos a plenitude da glória do Senhor Jesus.

Desde o início do Evangelho, São João nos mostra qual é a verdade que veio do céu. É o transbordar do amor divino, em forma da prática serviçal e sacrificial de Jesus. O capítulo 5 acabou de nos apresentar o exemplo da total gratuidade desse serviço. Vimos como Jesus está se encaminhando para sua morte por exercer a liberdade de amar neste mundo, que vive sob o dinamismo do pecado, tanto dentro das pessoas como nas sociedades que constroem. É ele o Pão da verdade que devemos contemplar, interiorizar e viver. É a esse Jesus que nos unimos no sacrifício da missa, fazendo com ele oferta da nossa vida ao Pai. É ele o Pão Vivo que comemos no sacramento.

Assim, depois de nos mostrar Jesus agindo em prol da vida das pessoas e de nos informar, no capítulo 5, que a consequência de sua liberdade de amar será a sua morte, João inseriu o capítulo 6, no qual fala sobre a Eucaristia. Esse capítulo nos questiona cada vez que nos aproximamos do Pão que veio do céu. São as palavras de Jesus aos primeiros dois discípulos que vieram atrás dele: "O que estais procurando?".

6,59-70

Os discípulos que voltam atrás e a fé dos Doze

Terminando o discurso sobre o pão da vida, Jesus percebe que muitos dos seus discípulos perderam o entusiasmo de antes. A fé deles era baseada nos sinais prodigiosos que viram Jesus realizar. Agora, queixam-se de que sua "palavra é dura demais". Trata-se de toda a sabedoria divina que Jesus ensina e vive, a qual deve ser interiorizada para se tornar prática nos discípulos. Trata-se também da maneira de Jesus fazer-se doador de mais vida às pessoas que ele encontra. Finalmente, trata-se, de maneira particular, da cura do paralítico, que colocou a vida de Jesus em perigo. Essas pessoas vinham percebendo que o jeito de Jesus agir dentro da sociedade, com tanta liberdade, contrariava o fechamento habitual deles e poderia custar muito caro. É nesse sentido que o ensinamento dele é duro; compromete demais. As murmurações dos discípulos (60-61) fazem Jesus pensar na sua futura "subida aonde estava antes". A falta de fé das pessoas que o seguiam é sinal da incapacidade dos homens em geral de se abrirem à verdade que ele está revelando. Jesus sabe que irá morrer e voltar ao Pai em consequência de tal incredulidade. No versículo 63, ele usa os termos "carne" e "espírito" para falar da realidade existencial da pessoa humana. Contrariamente ao sentido que teve acima, quando Jesus fala da Eucaristia, a palavra "carne", no versículo 63, tem um sentido pejorativo. A pessoa "carnal" fica fechada em si mesma e presa ao mundo dos seus interesses. Tal situação é oposta àquela da pessoa "espiritual", pois está fica aberta à ação do Espírito; nela, o Espírito atua como rio de água viva.

João informa-nos que, "a partir de então, muitos discípulos não andavam mais com ele". Jesus é abandonado por muitos dos seus seguidores. Olhando com tristeza aqueles que estão indo embora, Jesus pergunta aos Doze: "Não quereis também partir?". Os "Doze" são os mais chegados a Jesus. A pergunta feita a eles é sincera. Ficar ou não com Cristo é sempre resultado da livre escolha que cada um faz. É a delicadeza de Deus para com a nossa liberdade. A resposta de Pedro é tocante: "Senhor, a quem iremos? Tens palavras de vida eterna. Nós cremos e reconhecemos que és o Santo de Deus".

Era esta afirmação de fé que Jesus mais queria ouvir. É fé que se enraíza na pessoa e na palavra de Jesus; fé que não entende muito bem, por enquanto, mas que percebe que Jesus é "de Deus" e que está lhes oferecendo uma participação naquilo que ele tem de mais precioso, e que chama de "vida eterna".

A fé dos "Doze" nasceu da sua amizade com Jesus Cristo. Pedro afirma que eles querem continuar a aprender com ele. Sua maior alegria é ficar na companhia de Jesus, sentar-se à mesa com ele a cada dia, ouvir suas palavras, sentir a sua amizade, receber dele a força e a coragem de seguir o seu exemplo. Não é que eles compreendam todas as coisas que Jesus diz e faz, mas confiam nele, amam-no, desejam permanecer comprometidos com ele até a morte. Isso porque, com Jesus e por meio dele, sabem que estão se encontrando com o Pai que o enviou. Jesus os contempla com amor. A confiança nos seus amigos será justificada. Um dia, serão eles os enviados do Pai. Todos eles, menos Judas, partilharão com os fiéis o pão da palavra que ouviram de Jesus, diariamente. Também darão graças sobre o pão eucarístico, como fizeram naquela ceia derradeira em Jerusalém.

João 7

Jesus em Jerusalém: um homem marcado para morrer

Introdução

João inicia o capítulo 7 do seu Evangelho com a retomada do tema da rejeição de Cristo, que percorreu o capítulo 5. Assim, lemos que Jesus "andava pela Galileia, não querendo circular pela Judeia, porque os judeus, em Jerusalém, queriam matá-lo".

Nos capítulos 7 e 8, há onze referências à intenção das autoridades de prender e matar Jesus (1.19.20.25.30.32.44; 8,20.37.40.59). Ao mesmo tempo, João continua a indicar que a razão mais imediata dessa determinação é a cura relatada no capítulo 5. Assim, aquilo que lemos nestes dois capítulos é uma continuação do incidente ocorrido no capítulo 5, quando Jesus curou um paralítico no dia de sábado e disse que, assim, ele estava exercendo sua liberdade de Filho que faz o que vê o Pai fazer (5,17.19).

Vimos como, nesse incidente, Jesus entrou em conflito com determinada maneira de interpretar a Lei, que não permitia o exercício da liberdade de ação em favor da promoção da vida humana. E o pior é que tal interpretação se dizia aprovada pelo próprio Deus. Sabemos que o mesmo dinamismo que produziu tais sistemas e ideologias está muito presente no mundo atual, e dentro de nós também! Dessa maneira, ao mostrar Jesus contrariando as ideologias e normas do seu tempo, o Evangelho quer nos lembrar da realidade conflituosa em que estamos nos envolvendo, cada vez que recebemos a Eucaristia, pois recebemos aquele Jesus cujo exemplo de amor continua sendo o Pão do céu a ser ingerido por nós; que vem a nós para se tornar, dentro de nós, a força desse mesmo amor, para fazer-nos luz que penetra nas trevas.

7,1-13

Jerusalém é o protótipo do mundo

A cura do paralítico aconteceu durante uma "festa" dos judeus. São João não nos tinha informado no capítulo 5 qual das três festas dos judeus estava sendo celebrada naquela ocasião. Agora, porém, ele diz que está se aproximando a Festa das Tendas. Sabemos que esta se realizava no outono e era celebrada para agradecer a Deus pela colheita (Ex 23,16) e para pedir abundância de chuvas para o ano seguinte (Zc 10,1; 14,17). O simbolismo da água e da luz, que fazia parte desta festa, será explorado por São João tanto neste capítulo quanto no próximo.

Tomando consciência de que os líderes religiosos de Jerusalém queriam prendê-lo para matá-lo, Jesus toma providências e cautelas: fica mais discreto e evita ir publicamente às festas. Seus "irmãos", porém, o pressionam a ir "aonde seus milagres possam ser vistos" por um público maior. Pensam que Jesus está com pretensões políticas e tem todas as condições necessárias para realizá-las. Como são seus próximos, esperam beneficiar-se do poder que ele certamente adquirirá. Não entendem por que Jesus insiste em atuar "às ocultas". Insistem que ele "se manifeste ao mundo", quer dizer, à multidão do povo congregada para a Festa em Jerusalém. Em João, Jerusalém é protótipo do mundo exterior, onde é inerente aos homens encararem o poder com base nas próprias ambições.

No versículo 5, João observa que os familiares "não acreditavam" em Jesus, isto é, apesar de verem seus milagres, não penetravam no significado da sua Pessoa. Em vez de procurar conhecê-lo melhor, criaram a própria ideia daquilo que Jesus deveria ser. Realmente, é difícil entender Jesus de Nazaré! Isso fica cada vez mais claro tanto no Evangelho como nos dias de hoje. Assim, o povo que Jesus alimentou ao lado do lago ficou preso ao aspecto material do acontecimento. Saciada a fome, não percebiam o sinal que Jesus estava dando de ser o "pão que perdura para a vida eterna" (6,26-27). Viam em Jesus alguém que podia providenciar uma abundância de bens para eles. Por isso, queriam fazê-lo rei. Sob o comando desse sucessor de Davi, a nação podia derrubar os romanos para se tornar hegemônica no mundo. Na realidade, queriam um Cristo a serviço do velho modelo geopolítico que se perpetuaria na história. Finalmente, seus irmãos aconselhavam Jesus a ir a Jerusalém e fazer um *show* de milagres para sua autopromoção. Esperavam usar da situação de parentes para realizar os próprios interesses.

Nesses desejos humanos dos contemporâneos de Jesus, reconhecemos os mesmos dinamismos que aparecem nas tentações dele, recordadas em São Mateus (4,3-10) e São Lucas (4,3-12). São dinamismos enraizados em nosso egoísmo e cristalizados em nossa convivência social. Operam dentro das pessoas, das sociedades e das culturas para criar divisões, estruturas injustas, exclusão de pessoas indesejadas. Assim, o Jesus joanino que morrerá rejeitado por causa do exercício da sua liberdade de atuar em favor da vida mais plena é o mesmo Jesus dos sinóticos, que morreu por inaugurar o Reino de Deus. Nem o povo daquele tempo nem os interesseiros de hoje enxergaram com muita clareza o significado interior daquele Homem de Nazaré, que se colocava a serviço do bem-estar integral de todos — seja de um paralítico em Jerusalém (5,6) seja de um homem com a mão atrofiada na Galileia (Mc 3,4) — não obstante o dia de sábado.

No versículo 6, Jesus responde aos irmãos que "o mundo não pode odiá-los". Ao contrário. O mundo simpatiza com o desejo deles de se aproveitar do poder de um parente para beneficiar a si e a todo o seu clã. Já vimos como esta expressão, "o mundo", colocada na boca de Jesus, às vezes se refere a toda uma organização social perversa. Não é que Jesus considere o mundo como mau por si mesmo. Sabemos que toda criação é obra de Deus e é amada por ele (1,3; 3,16). Quando Jesus fala aqui do "mundo", em sentido negativo, está falando dos mecanismos sociais, culturais, políticos, religiosos, quando estes são configurados pelo tipo de motivação que acabamos de ver no povo e nos parentes de Jesus — e em nós mesmos, até hoje! Sabemos que, em grande parte, é este o mundo em que vivemos. Sabemos também que Jesus Cristo está mostrando outro dinamismo invadindo este velho mundo. É o amor que ele vive junto com seu Pai. Toda a história de Jesus mostra que esse amor está presente agora no meio de nós, em forma humana. Sabemos como o mundo resiste a ser dinamizado por esse amor. E nós, que somos chamados a ser a continuação dessa presença de Jesus, também resistimos.

Na cura do paralítico, Cristo desmascarou a falsidade de um esquema religioso que negava a sua liberdade de assistir o paralítico no dia de sábado. Por isso, "o mundo", ou seja, os donos desse sistema, sentem-se ameaçados por ele. Jesus sabe que, um dia, terá de enfrentar a plena força da incompreensão e do ódio de pessoas que investem sua sorte neste e em outros sistemas semelhantes. Mas agora ele diz que, por enquanto, seu "tempo ainda não se completou". Não irá à festa. Porém, depois de os seus irmãos subirem a Jerusalém, João diz que Jesus também subiu, "mas não publicamente e, sim, às ocultas".

7,14-24

Jesus desafia as autoridades religiosas: "Por que procurais matar-me?"

Nos versículos 11-13, João descreve o clima de tensão que predomina na cidade. "Os judeus", isto é, os chefes religiosos, estão esperando a sua presença na festa para poder prendê-lo. O que seria bem fácil fazer, pois, ao contrário dos campos abertos da Galileia, Jerusalém é uma cidade cercada por muros, cuja população é fortemente policiada. Os chefes do Templo dispõem de seus soldados. Uma vez que Jesus estivesse dentro dos muros da cidade, seria mais fácil prendê-lo. Quanto à multidão, João mostra que há divergência de opinião sobre Jesus: "Uns dizem: 'Ele é bom'. Outros, porém, dizem: 'Não. Ele engana o povo'". Essa divergência entre o povo continuará durante todo o capítulo 7 (26-27.31.40-41). Todos discutem sobre o Nazareno, mas "ninguém fala dele abertamente, por medo dos judeus". Reina na capital um ambiente pesado de apreensão, de controvérsia, de medo.

Inicialmente, Jesus participa das cerimônias no meio do povo. Mas lá "pelo meio da festa", ele sai do anonimato, "entra no Templo e começa a ensinar". Com isso, Jesus se coloca justamente no lugar mais perigoso, por ser mais visível, mas também onde ele exercerá sua autoridade absoluta como Mestre de Israel. No seu ensinamento no Templo, Jesus se mostra tão versado nas Escrituras como os próprios chefes religiosos, que se admiram da sua fala, pois sabem que ele nunca havia estudado na escola de qualquer rabi em Jerusalém. Em resposta a essa perplexidade, Jesus afirma: "Minha doutrina não é minha, mas daquele que me enviou".

A "doutrina" à qual Jesus se refere aqui já é conhecida por nós. Foi exatamente a que Jesus expôs a Nicodemos, quando falou do "novo nascimento... da água e do Espírito" (3,5); também, quando falou com a samaritana sobre a "água viva" que ele iria lhe dar (4,10.14), e da "adoração de Deus no espírito e na verdade" (4,23). Mais completa ainda foi a exposição dessa doutrina aos chefes religiosos, depois da cura do paralítico. Lá, ele justificou sua ação por afirmar que estava fazendo aquilo que viu seu Pai fazer: "O Pai trabalha sempre e o filho também".

Assim, Jesus estava reivindicando a absoluta autoridade do Filho que foi enviado pelo Pai e que age em comunhão com seu Pai. É a vida de Deus, que é amor (1Jo 4,8.16), fazendo-se luz na atuação de Jesus. Os doutores da Lei entendiam que essa reivindicação de Jesus, de estar em comunhão com Deus no seu agir e no exercício da sua liberdade diante do sábado, implicava algum tipo de comunhão de vida com Deus. Nisso, reivindicava um relacionamento único com Deus. Ouviram-no dizer que todos devem honrar o Filho para assim honrar o Pai. Mais ainda: Jesus afirmava que tinha dentro de si a própria vida de Deus e que daria essa vida eterna àqueles que acreditassem nele e os ressuscitaria dos mortos. Finalmente, afirmava ainda que exerceria a função divina de julgar toda a humanidade (5,27-30).

Durante todo o seu Evangelho, São João está fazendo Jesus de Nazaré articular essa "doutrina" que, na verdade, só foi entendida e formulada pela comunidade joanina depois da ressurreição de Cristo. Nisso, João está interpretando Jesus por meio daquele conhecimento mais maduro, fruto da ação do Espírito Santo nele e na Igreja. Por acreditarmos que esse Espírito é o "Espírito da Verdade" (16,13), confiamos que sua interpretação de Jesus, feita à luz de uma fé pós-pascal, seja fiel ao significado interior do Homem de Nazaré. É uma apresentação que foca, cada vez mais, no mistério de amor revelado na história de Jesus.

Cada leitor pode se perguntar se, realmente, a maneira de João apresentar Jesus está ajudando a descobrir as profundezas desse ensinamento.

No Evangelho, a doutrina de Jesus já é conhecida pelos chefes religiosos. Para esses homens, era uma doutrina cheia de blasfêmia e merecedora de morte. Com tais ideias, o Nazareno contradizia a doutrina deles, centralizada no Templo e na Tradição, como meios seguros de salvação. Desmoralizava a autoridade deles e ameaçava as estruturas do esquema religioso que ficava sob sua custódia. Para salvaguardar seu sistema da Lei e o conceito de Deus no qual o sistema se apoia, os líderes decidem matar Jesus.

Nos versículos 17-19, Jesus acusa os judeus de estarem incrédulos a sua doutrina por não serem obedientes à vontade de Deus, cuja glória ele procura. Por estarem tão ansiosos em preservar seus esquemas, têm-se tornado mais afinados a mentiras do que à verdade. Evidência disso é o desejo injusto de querer matá-lo.

Nos versículos 21-22, a narração chega ao cerne do conflito. Jesus pergunta: "Por que procurais matar-me?", ou seja, qual é a justificativa para tanto ódio? É uma pergunta que será repetida por Jesus no próximo capítulo (8,37.40). Esta mesma pergunta continuará a ecoar na reflexão do povo cristão: "Por que mataram Jesus?".

Ouvindo a pergunta de Jesus, pessoas da multidão, talvez alguns judeus da diáspora, o acusam de estar possuído por um demônio. Por isso lhe questionam: "Quem quer matar-te?". No versículo 21, é Jesus mesmo quem começa a explicar por que os líderes querem matá-lo. "Fiz uma só obra e todos vos admirais!" No versículo 22, ele mostra a falta de lógica daqueles que procuram matá-lo; cita o exemplo de uma obra, a circuncisão, que os próprios judeus realizam no dia de sábado para cumprir a Lei de Moisés.

No versículo 23, Cristo vai ao nó da questão: "Por que vos irais contra mim, por eu ter curado um homem todo (e não somente um membro dele, como fazeis na circuncisão) no dia de sábado?". A "cura de um homem todo" refere-se ao paralítico que Jesus mandou ficar em pé e depois o alertou para que não mais pecasse (5,8.14). Dessa forma, Jesus acusa os chefes de quererem matá-lo por ele ter dado prioridade à vida integral de uma pessoa, em vez de manter a sacralidade da Lei do sábado. Isso porque, para ele, "sagrada" é a vida da pessoa humana, sobretudo quando é ameaçada por qualquer tipo de interesse de grupo. Agindo dessa maneira, Jesus age como seu Pai age (5,17.19). Assim, no sentido mais profundo, a rejeição a Jesus é a rejeição também ao Filho que revela seu Pai, ou seja, revela a vida de amor que, quando for vivida entre nós, abalará todas as nossas seguranças e estruturas, enquanto não tiverem como meta o bem maior da pessoa humana e a solidariedade entre todos. É um Deus que reconhece a força que essas estruturas "do mundo" têm sobre nós, mas que, ainda assim, nos convida a crescer na liberdade para amar.

Nesses poucos versículos, João apresenta a chave do entendimento da morte de Jesus na cruz e desmente qualquer tentativa de eliminar o tema da libertação social, que faz surgir reações contrárias.

7,25-36

Discussões sobre a origem e a partida de Jesus

Central na "doutrina" de Jesus é o fato de ele proceder de Deus, a quem chama de "meu Pai" e a quem conhece e obedece de maneira única (1,18; 6,46; 8,28; 17,25). Os ouvintes entendem que ele está falando de Deus. Está dizendo que as autoridades religiosas não conhecem a Deus. Afirma que ele "o conhece porque procede dele", ou seja, quem tem autoridade absoluta para falar e agir em nome de Deus não são os líderes religiosos da capital, mas Jesus de Nazaré, este leigo procedente de um lugarejo desprezado em todo o Israel. A reação dos chefes é imediata: "Procuram prendê-lo". Mas Jesus é realmente uma figura misteriosa. Assim, João diz que "ninguém lhe pôs a mão, pois ainda não chegara a sua hora", e, com isso, nos lembra de que estamos acompanhando a trajetória daquele que está caminhando inexoravelmente para a plena revelação da sua glória, na hora de ser "levantado".

No versículo 31, João nota que muitos, no meio do povo, acreditam em Jesus por causa dos sinais que realiza. Não é essa a fé que Jesus deseja, mas é suficiente para alarmar os fariseus e os sumos sacerdotes. Os donos de esquemas opressivos, sempre sensíveis ao perigo de alguém que possa liderar uma rebelião popular, agem com rapidez para destruir tal pessoa. Assim, mais uma vez procuram prender Jesus. Enviam seus guardas atrás dele. Para Jesus, tudo isso é sinal. Mesmo que não seja ainda a sua hora, o ódio dos chefes e a incompreensão do povo tornam claro para ele a iminência da sua partida "para aquele que o enviou" (33). Os judeus ficam intrigados ao ouvir Jesus falar disso. Temem que escape das suas mãos para ir ensinar aos israelitas que vivem fora de Israel.

Então, como poderão controlá-lo?

7,37-53

Do lado de Jesus, jorrarão rios de água viva

Foi dessa água que Jesus havia falado em sua conversa com a Samaritana. Disse que iria jorrar para a vida eterna (4,14). Agora, São João nos informa que, ao falar dessa água, Jesus está se referindo "ao Espírito Santo que aqueles que cressem nele iriam receber". O Evangelista nota que ainda não havia Espírito porque Jesus não fora ainda glorificado.

Entrementes, Jesus tem assumido o papel de maior destaque no último dia da Festa das Tendas. Entre o povo comum em Jerusalém, mais uma vez há dissensão por causa dele. João diz que "alguns queriam prendê-lo, mas ninguém lhe pôs a mão". Os sumos sacerdotes e os fariseus, por sua vez, estão atordoados por esses acontecimentos que escapam ao seu controle. Mandam seus guardas para prenderem Jesus. Quando estes voltam sem ele e se mostram cativados pela maneira de Jesus falar, os fariseus explodem de raiva. "Também fostes enganados?" Os doutores articulam seu desprezo pelo povo que simpatiza com Jesus: "Este povo que não conhece a Lei... são uns malditos!". "Malditos." É esta a avaliação feita por aqueles que "recebem a glória uns dos outros", por sua excelência profissional dentro do sistema que eles mesmos criaram (5,44), enquanto desprezam a maioria que não tem condições de cumprir as exigências do mesmo sistema. Estes são vistos como incapazes de qualquer discernimento responsável, como uma massa perigosa de ser controlada e policiada.

Nesse momento, no versículo 50, João reintroduz a figura de Nicodemos e nos oferece uma pista daquilo que estava acontecendo no íntimo desse homem, desde sua visita noturna a Jesus. Esse fariseu, que tinha vergonha de ser visto falando com Jesus, se expõe agora à ira dos colegas do Sinédrio, ao questionar se aquela condenação tão fácil de Jesus estava, realmente, de acordo com o espírito da Lei de Moisés. Tal tentativa de defender Jesus da injustiça, no Supremo Conselho, indica que a semente da fé plantada no seu coração está crescendo. De fato, a próxima vez que o encontrarmos será durante a própria "hora" de Jesus. Então, Nicodemos terá coragem de participar ativamente do sepultamento do Crucificado (19,39). Assim, sua atuação aqui nos lembra de que a força do amor divino derruba as nossas resistências para nos colocar no caminho do Mestre, ou seja, leva-nos a assumir atitudes humanas mais justas e mais misericordiosas. Para seus colegas, porém, essa intervenção de Nicodemos merece uma resposta típica da ironia joanina: "Também foste enganado?".

João 8

Jesus aprofunda a sua doutrina e analisa a rejeição pelos judeus

Introdução

O leitor notará que estamos passando do capítulo 7,53 ao capítulo 8,12, seguindo a orientação de estudiosos que dizem que a pequena narrativa sobre a mulher adúltera, que aparece no início do capítulo 8, foi escrita por um autor diferente de João. Reconhecendo-a como uma autêntica história de Jesus, a Igreja joanina inseriu-a no seu Evangelho.

8,12-29

Jesus é a luz do mundo

O versículo 12 do capítulo 8 continua a narração dos acontecimentos que estão se realizando em Jerusalém, durante a Festa das Tendas (ou Tabernáculos). Como fez no capítulo 7, quando falou da "água viva" que sairia do seu lado, Jesus aproveita mais um momento alto da liturgia para ensinar sua doutrina aos judeus. Dessa vez, o símbolo que se destaca na festa é o da luz. As cerimônias litúrgicas desse dia lembravam a presença salvífica de Javé, quando os israelitas estavam atravessando o deserto. Essa presença manifestava-se por meio de uma coluna de fogo que os acompanhava à noite. Era Javé protegendo e guiando seu povo (Ex 13,21). Mais tarde, a Lei entregue através de Moisés passou a ser vista como continuação dessa mesma luz, guiando as pessoas no dia a dia da vida (Sb 18,3-4). Em comemoração disso, o sétimo dia da festa era dedicado ao tema da luz. Nessa noite se acendiam os pavios de quatro grandes vasilhas de óleo, que eram sustentadas por altos candelabros. Dizia-se que a luz que surgia das chamas iluminava os arredores de Jerusalém. Talvez seja justamente nesse momento da luz mais intensa que Jesus proclama a todos os presentes na festa: "Eu sou a luz do mundo!".

Mais uma vez, vemos como coisas tão comuns adquirem um valor simbólico no Evangelho de São João. Primeiro, "água viva"; depois, "pão da vida". Agora, "luz da vida". Para o autor deste Evangelho, desde que o Verbo se fez Carne, toda a realidade material assume um significado mais profundo. O versículo 12 é um ótimo exemplo disso. No início do Evangelho, vimos que "a vida que estava no Verbo era luz dos homens" (1,4). Agora, Jesus afirma: "Quem me segue terá a luz da vida". Todo o Evangelho de São João está explicando esta frase tão curta e tão cheia de significado (12,35-36.46).

Nos versículos 13-19 reaparecem ideias sobre a procedência de Jesus, já vistas no capítulo 7,24-30. Os doutores da Lei, que ouvem Jesus pronunciar estas palavras no Templo, iniciam mais uma vez um tipo de processo judicial contra ele (1,19-28; 5,31-47). Acusam-no de "dar testemunho de si mesmo". Jesus responde que o Pai que o enviou o acompanha e é a testemunha dele. Por não reconhecerem a Jesus, os fariseus mostram que não conhecem o Pai: "Se me conhecêsseis, conheceríeis também meu Pai".

São palavras cortantes! Os fariseus de Jerusalém orgulham-se por conhecer toda a Lei de Moisés, a mais perfeita revelação de Deus. Agora, ouvem esse "infrator" da Lei e "agitador" do povo afirmar ser ele o revelador definitivo de Deus. Isso era o mesmo que proclamar-se autoridade maior em Israel. João indica que essas palavras de Jesus causaram mais ódio ainda por parte dos líderes. Os fariseus querem prender Jesus para matá-lo. Pela segunda vez, João diz que só não o fizeram nessa ocasião porque "sua hora não soara ainda" (cf. 7,30). A implicação é clara: no plano do Pai, Jesus ainda tem trabalho a realizar. Mas, quando sua hora "soar", seus inimigos o matarão.

No capítulo 7,33-36, vimos que a primeira tentativa de prender Jesus o fez pensar na sua ida para o Pai. Agora, em 8,21-24, depois de sofrer mais uma tentativa de morte, ele fala de novo dessa ida e da sua identidade misteriosa. Apresenta sua doutrina com lucidez. Afirma que os fariseus pertencem a uma ordem de existência diferente da dele. É óbvio que, aqui, os fariseus representam toda a humanidade. A condição dos fariseus (e de todo ser humano) é de ter sua origem "daqui, deste mundo". A condição de Jesus é aquela de "não ser deste mundo". Entregues a nós mesmos, é inerente à nossa condição "morrermos em nossos pecados". Somos incapazes de nos salvar com a salvação que Deus quer para nós. Deus deseja que sejamos seus filhos e suas filhas, capazes de crescer na liberdade com que Jesus ama. Visto que somos "de baixo", não temos em nós esse amor que é "do alto". É somente de Cristo que recebemos "o poder de nascer de Deus", para partilhar da sua vida e sermos impelidos pela dinâmica do seu amor. Era esta necessidade de nascer de novo, que Nicodemos não conseguiu entender em sua conversa noturna com Jesus.

A nossa Salvação consiste, portanto, em crermos que a divindade misericordiosa e fiel se faz presente e nos oferece uma participação na sua própria vida de amor. É vida que nos impele àquela comunhão e participação que vemos como sendo a vida da própria divindade revelada em Jesus.

Todo o Evangelho de João foi sendo escrito para mostrar-nos que nem o sistema religioso do judaísmo nem qualquer outro esquema humano pode nos proporcionar a salvação que Jesus nos oferece. Se colocamos a nossa esperança na glória que recebemos dos homens por proclamar a ideologia e dominar a técnica do sistema socioeconômica hegemônico, não importa quão astutos e gananciosos nos mostremos ser, pois morreremos em nosso pecado. Se tivermos a fé que cumpre o que a justiça pede, para construirmos juntos uma sociedade solidária, tanto nós como nossos filhos viveremos!

Nos versículos 25-29, o ambiente de um interrogatório judicial continua. Exasperados, os judeus exigem que Jesus se identifique: "Quem és tu?". Na sua resposta, Jesus repete aquilo que já lhes tinha ensinado sobre sua identidade. Na sua resposta, Jesus repete aquilo que já lhes havia ensinado sobre sua identidade. Ele é a luz do mundo, que as trevas procuram apagar.

O trajeto de Jesus no Evangelho nos mostra por que isso ocorre. Aceitando Jesus como revelador de Deus, as pessoas teriam de deixar Jesus curar a sua própria cegueira e passariam a enxergar a verdade sobre Deus e a realidade do sofrimento imposto naqueles que são os prediletos do Pai.

Mas esta prioridade da pessoa humana aos olhos do Pai é luz em demasia para aqueles que são "da carne"! Tal amor vivido no dia-a-dia dos nossos relacionamentos requereria o rompimento de nossos atuais esquemas pessoais e coletivos, como estamos vendo neste estudo da espiritualidade joanina, e como facilmente se pode verificar nos Evangelhos sinóticos (cf. Mc 7,21-22). Mesmo para nós, hoje, é mais prático criar um outro Jesus!

8,30-47

Jesus discute sobre a filiação que liberta
e a filiação que escraviza

Os interlocutores de Jesus, orgulhosos por se considerarem como "a posteridade de Abraão que jamais foi escrava de ninguém", se ofendem ao ouvi-lo afirmar que precisam ser libertados. Exigem uma explicação. Essa lhes é dada nos versículos 34-37. Primeiro, Jesus anuncia um princípio: "Quem comete pecado é escravo do pecado". Depois, especifica o pecado que prova a condição de escravidão: "Procurais matar-me, porque minha palavra não penetra em vós". Aqui, Jesus menciona de novo o desejo dos líderes de matá-lo. É mais uma referência aos episódios que têm desencadeado todo esse conflito: a cura do paralítico e as "coisas semelhantes" que ele tem feito habitualmente, como também as reivindicações que fez, por estar agindo com a autoridade de Filho dada pelo Pai que o enviou ao mundo (7,21). Em uma palavra: nem os judeus daquele tempo nem nós leitores cristãos, hoje, podemos nos converter em verdadeiras testemunhas dele, se Deus não trabalha em nós (1,18; 6,29).

Nos versículos 38-41, Jesus começa a explicar a fonte mais profunda dessa condição de escravidão dos líderes religiosos. Ele os acusa de fazer a obra daquele que é o "pai" deles. Mas quem seria esse pai?

Os judeus respondem: "Temos um só Pai: Deus!", e Jesus lhes desmente: "Se Deus fosse vosso pai, iriam amar a mim, pois saí de Deus e dele venho". No versículo 43, Jesus pergunta: "Por que não compreendeis minha linguagem?", e ele mesmo responde em seguida: "É porque não podeis escutar a minha palavra! Por se terem tornado cativos de uma força hostil à verdade, são incapazes de ouvir a mim quando falo a verdade". Jesus é realista. A fé exige disposições compatíveis com aquilo que ele revela. O fechamento aos pequenos e a busca de sucesso em esquemas injustos bloqueiam essa abertura necessária para ouvir verdadeiramente a Jesus.

Mas a análise da situação de escravidão tem de ser mais profunda. De onde veio essa situação de egoísmo e de escravidão que nos cega diante da luz? No fim, no versículo 44, Jesus dá um nome à força que escraviza, que inibe a compreensão da sua mensagem e que suscita o desejo de eliminá-lo: "Vós sois do diabo e quereis realizar os desejos de vosso pai. Ele foi homicida desde o princípio... Ele é mentiroso e pai da mentira".

"Assassino e Pai da mentira!" Tal é a força maligna que transcende a maldade de um ou de outro indivíduo ou povo humano; é a força que está atrás das atitudes que se espalham em todas as culturas e sociedades, em forma de desvalorização da vida humana, que provoca as divisões arbitrárias entre as pessoas. O dinamismo que se levanta contra Jesus no Evangelho não é simplesmente uma mentalidade popular, sedenta de vingança e que sonha com uma figura messiânica da estirpe do Rei Davi. Nem é um grupo de líderes religiosos interesseiros em manter sua condição de elite; tampouco é o despotismo de Herodes ou do império romano. Muito além disso, a luta que o Evangelho narra realiza-se entre o Verbo Encarnado, que é vida e luz, e uma força do mal que que projeta a ruína do plano de salvação do Deus bom e misericordioso, que Jesus nos ensina a chamar de "Pai querido".

Estas duas características, que Jesus atribui ao diabo, descrevem perfeitamente a dinâmica do mal que atua no coração de indivíduos e se concretiza em sistemas sociais. Cria-se um mundo baseado nas mentiras de ilusão e de fantasia; um mundo autossuficiente no qual a felicidade é adquirida ao viver em função do ter, do prazer, do poder, todo o tempo fingindo que os pobres e os sofredores não fazem parte da mesma humanidade. É o mal apresentado como bom e o bom, como mal. As consequências dessas mentiras são nefastas. É a destruição, nos jovens, da sua capacidade de discernir, de fazer escolhas mais altruístas, de se tornar cada vez mais sujeitos da própria história. A atuação do mal cria estruturas sociais de pecado, que cegam as pessoas à luz e contribuem para a morte precoce de inúmeras vítimas, privando-as de alimentação, de trabalho, de liberdade, de paz e, acima de tudo, da consciência da sua verdadeira dignidade. Rixas seculares entre grupos são revividas. Surgem ideologias imperialistas apoiadas em armas mais mortíferas. É bom lembrar que Jesus está falando aos fariseus, pessoas consideradas "muito religiosas". Ouvindo-o falar a essas pessoas, somos levados a nos questionar sobre a presença de tais elementos nos esquemas em que vivemos hoje. E sobre nossa maneira de ser "religiosos".

A mensagem de João não é de condenação nem de pessimismo. Já no início do Evangelho, ele nos diz que as trevas existentes no mundo não conseguem apagar a luz que brilha em Jesus. O Evangelho proclama a vitória da vida sobre as forças da morte. O coração humano nunca deixa de ser tocado pelo convite que o Verbo Encarnado lhe faz, para crescer naquilo que é mais verdadeiro e que mais promove a vida, em todos os sentidos. Isso vale para cada pessoa humana, mesmo dentro de sistemas ambíguos. A pregação do Evangelho e o exemplo dos fiéis fazem essa luz brilhar com mais nitidez no mundo e são convites para sermos mais humanos, no pleno sentido da palavra. Sob o impulso do amor divino, pessoas se unem em nome da justiça e da compaixão. Grupos e movimentos surgem para enfrentar juntas ameaças à paz. Comunidades de pessoas de boa vontade fermentam a sociedade. Entre estes, a comunidade acadêmica se destaca. A inteligência e a liberdade se empenham em desenvolver uma ordem social mais inclusiva. Cada vida pessoal e toda a história da humanidade caracterizam-se por essa mesma luta entre a luz e as trevas; luta que se tornará cada vez mais explícita na história de Jesus Cristo, especialmente na sua "hora" (13,2).

8,48-59

O mistério da pessoa de Jesus de Nazaré

No versículo 51, chegamos ao ápice dessa discussão entre Jesus e seus inimigos. Cristo proclama: "Se alguém guardar a minha palavra, jamais verá a morte". É o suficiente para suscitar a indignação raivosa dos chefes religiosos. Jesus estaria se fazendo maior do que Abraão, o pai dos judeus; ele morreu, como também os profetas morreram. Os chefes indagam a Jesus: "Quem pretendes ser?".

Jesus responde que não precisa se glorificar, pois quem o glorifica é seu Pai, o mesmo que os judeus não conhecem, mas que ele conhece e a quem obedece. E se eles querem citar

Abraão, Jesus também pode citá-lo: "Abraão, vosso pai, viu meu dia e encheu-se de alegria".

Espantados, os judeus apontam para o absurdo que Jesus acabou de dizer: "Não tens ainda cinquenta anos e viste Abraão!".

Agora, no versículo 58, São João apresenta Jesus fazendo a mais solene e mais alta afirmação sobre si mesmo em todo o Novo Testamento: "Em verdade, em verdade, vos digo: antes que Abraão nascesse, 'Eu Sou'".

E assim termina o episódio que começou no capítulo 5 com a cura do paralítico e que terá consequências mortais para Jesus Cristo.

João 9

Uma cura que polemiza a situação daqueles que creem e daqueles que não creem

Introdução

Jesus Cristo é um homem marcado para morrer. Mas ele é também um homem que afirma ser "a luz do mundo" e que reivindica para si a realidade divina inerente ao nome de Javé: "Eu Sou".

No capítulo 5, os inimigos de Jesus queriam matá-lo por ele se fazer "igual a Deus", por estar afirmando que tinha a mesma liberdade de ação que Deus tem. Não somente isso. Jesus diz que está conferindo a vida divina a nós, homens e mulheres. Por seu próprio exemplo, ele está nos mostrando que, dentro de nós, essa vida divina se tornará liberdade de amar.

São João diz, no Prólogo, que o mundo não se abriu à manifestação do Filho e que o próprio povo não o acolheu (1,10-11). Os capítulos 1–12 mostram o processo de rejeição acontecendo. Com o passar do tempo, a cegueira dos líderes em relação a Jesus vai crescendo. Esses homens se sentem ameaçados na sua posição de intérpretes das Escrituras e guardiões das estruturas, mas se glorificam uns aos outros. E, quanto ao povo, muitos buscam em Jesus benefícios próprios, sem procurar aprofundar o seu conhecimento da Pessoa dele. Finalmente, alguns dos seus discípulos o abandonam por achar seu ensinamento "duro demais". Mas, ao mesmo tempo, estamos vendo também o crescimento gradativo da fé, especialmente daqueles que ele chamou para serem seus amigos mais íntimos. Estes tinham sido convidados para fazer a experiência do "vir e ver".

Esse processo dos discípulos de "ver" a verdade sendo revelada em Jesus foi destacado no Prólogo do Evangelho (1,14), continuou na Galileia (2,11) e em Jerusalém (11,40) e foi até a cruz. É sempre um convite a um "ver" contemplativo que penetra as dimensões mais profundas da realidade do amor divino que Jesus está tornando perceptível para nós, nos seus atos e nas suas palavras. Alcançou seu momento mais intenso na hora da morte, quando as testemunhas, contemplando o corpo morto do Senhor, cumpriram a profecia de Zacarias: "Olharão para aquele que traspassaram" (Jo 19,37; Zc 12,10). É para esse momento que o Evangelho está nos conduzindo.

9,1-41

A cura do cego de nascença

O contexto da narração é o período depois da Festa dos Tabernáculos (7,2) e antes da Festa da Dedicação (10,22), última festa do ano. Jesus está em Jerusalém, onde já o havíamos encontrado nos capítulos 5 e 8. Como no caso do paralítico no capítulo 5, mais uma vez ele se depara, no dia de sábado, com uma pessoa sofrida e se coloca espontaneamente a serviço dela. Aí acontece um paradoxo irônico: essa pessoa cega, que, por ser deficiente, se encontrava impedida de plena participação nas cerimônias do Templo, vai se tornar um fiel que enxerga a presença de Deus atuando em Jesus, enquanto os líderes, que têm a melhor formação religiosa da nação, crescerão na sua cegueira espiritual.

Encontrando um cego, Jesus aproveita do momento para fazer uma pequena catequese. Aos discípulos que o acompanham, Jesus afirma que a cegueira desse mendicante não é castigo de Deus por causa dos pecados, nem dele nem de qualquer outra pessoa. Assim como Jesus rejeita essa crença, também devemos rejeitá-la hoje. Jesus conhece seu Pai e sabe que não são essas as atitudes que encontra no coração dele, as quais o Filho vai desvendar agora. Por isso, ele diz aos discípulos que a cegueira desse homem será sinal da glória do seu Pai.

A linguagem de Jesus indica a urgência que o impele a agir. Sabe que seus dias estão contados. "Vem a noite" da rejeição violenta contra ele. Mas, enquanto estiver no mundo, continuará a atuar como "luz do mundo"; continuará a ser revelação de um Deus que é solidário com os doentes e com todos os sofredores.

Jesus unge os olhos do cego e manda que ele vá se lavar na piscina chamada "enviado", palavra que serve também como título aplicado ao próprio Jesus (4,34; 5,30.36; 6,38.39...). Feito isso, o cego volta enxergando. As pessoas, acostumadas a vê-lo mendigando, ficam perplexas. "Não é este o cego? Como se abriram seus olhos?" Indagado pelos vizinhos, o homem responde de maneira direta: "Sou eu mesmo". Em seguida, conta a história da cura que "aquele homem chamado Jesus" tinha realizado a seu favor.

No versículo 13, começa mais um processo interrogatório que mostra de novo a hostilidade dos líderes religiosos por causa da liberdade de ação de Jesus. Conduzido aos fariseus, o homem repete a história da sua cura. Para esses estudiosos da Lei, aquilo que Jesus fez foi mais uma violação do sábado. Especificamente: amassar lama, aplicá-la nos olhos de um cego e realizar uma cura eram formas de trabalho proibidas no dia de sábado. Por isso, entre os próprios fariseus surge uma dissensão a respeito de Jesus. Alguns veem sua desobediência aos preceitos sabáticos como evidência de que ele "não vem de Deus". Outros questionam: "Um pecador pode realizar tais sinais?". Desesperados, os doutores procuram a opinião daquele que foi curado. "Que dizes dele?" O homem não tem nenhuma dúvida: o fato de Jesus o ter curado é sinal da sua procedência do Deus de Israel. Parece que ele raciocina de maneira bem simples: Deus deseja o bem e não o mal aos homens; deseja a saúde e não a doença. Assim, responde: "É um profeta!". Curado fisicamente, o ex-cego está enxergando também espiritualmente!

Os "judeus", isto é, os fariseus que não aceitam a Jesus, chamam os pais do homem; estes confirmam a identificação do seu filho, mas têm medo de se envolver nesse processo judicial que os líderes estabeleceram na capital. É o ambiente opressivo que divide famílias. Dizem somente: "Interrogai a ele. Ele tem idade".

Exasperados pela tentativa frustrante de interrogar os pais, os fariseus voltam a questionar o ex-cego: "Dá glória a Deus", isto é, "Mostra-te submisso ao Deus que nós conhecemos, o Deus da nossa Lei". No entender desses homens, o ex-cego deve dar glória a Deus por concordar com eles na sua avaliação sobre Jesus: "Sabemos que este homem é pecador". Como no caso do paralítico, o próprio Jesus é um pecador porque não limita a sua atuação aos parâmetros estabelecidos pelo sistema religioso em voga.

Da mesma forma como o paralítico do capítulo 5, esse mendicante sofrera durante toda a sua vida. Mas, enquanto o primeiro havia se acomodado e se tornado dependente, esse ex-cego possuía uma personalidade forte. Não se dobra diante dos doutores da Lei. Antes, responde-lhes a partir dos termos em que fora questionado: "Se ele é ou não é aquilo que chamais de pecador, eu não sei nem me interessa; só sei que eu era cego e agora vejo".

Diante da firmeza do ex-cego, o desespero dos chefes vai aumentando. O interrogatório torna-se repetitivo: "Diz-nos como foi que te abriu os olhos!". O homem ironiza: "Por acaso quereis tornar-vos seus discípulos?". Por insistir com perseverança que Jesus Cristo é um profeta, o homem é injuriado. Depois, os fariseus apelam à sua fidelidade a Moisés.

O ex-cego permanece firme. Ele conhece o Deus de Moisés melhor do que aqueles que dizem conhecê-lo. Por isso, afirma-lhes: "Se este homem não fosse de Deus, nada poderia fazer". A compreensão do homem é límpida: abrir os olhos de um cego é realização das promessas proféticas e messiânicas (Is 61,1-2). Especificamente, é obra que só pode ser feita com o poder daquele Deus misericordioso que se apresentou a Israel como sendo cheio de compaixão pelo pequeno e pelo sofrido.

Enquanto os fariseus imaginam Deus como patrocinador do seu sistema legalista, o ex-cego o conhece pela experiência de um sofredor. Na sua solidão de cego e de excluído, quanta intimidade com Deus esse homem devia ter alcançado! Era, certamente, um Deus diferente daquele dos fariseus. O cego de nascença, como tantos outros sofredores, experimentava no seu íntimo um Deus que consola aqueles que o mundo descarta. Assim, como no caso de Jesus e dos líderes, a discussão entre o ex-cego e os chefes dos judeus trata de Deus mesmo. Em nome do Deus que conhecem, os doutores da Lei condenam o homem cuja cegueira é prova de que ele "nasceu todo em pecado". Expulsam-no da sinagoga por causa da sua adesão a Jesus e pensam que estão seguros pela pureza do seu sistema religioso e da sua doutrina sobre Deus. Por sua vez, pelo conhecimento existencial de um Deus misericordioso e pela visão espiritual que lhe foi concedida pelo "enviado", que é Jesus, o ex-cego assume o papel de um mestre que ensina aos doutores: "Se este homem não fosse de Deus, nada podia fazer".

Mais tarde, Jesus aparece ao ex-cego e pergunta-lhe: "Crês no Filho do Homem?". Este era um título mais significativo que o de "profeta" ou "messias", pois se referia a uma figura mencionada na profecia de Daniel, que realizaria o julgamento divino e daria a vida eterna aos remidos (Dn 7,13).

A visão espiritual que o ex-cego alcança agora penetra mais profundamente o mistério de Jesus, a quem dirige a pergunta decisiva: "Quem é o Senhor, para que eu possa crer nele?". Na sua resposta, Jesus identifica a si mesmo como Filho do Homem, isto é, como juiz e doador de vida a cada pessoa humana. "Tu o estás vendo". O homem reconhece a origem divina do seu benfeitor e exclama: "Creio, Senhor", e se prostra diante de Jesus.

O ex-cego entendeu que a sua cura foi realizada pelo poder de Deus. Era aquele mesmo Deus que ele sempre sentia estar voltado para si, enquanto padecia da sua enfermidade. Um Deus cheio de amor e fidelidade. Por ser sensível a esse Deus, no seu coração, ele já estava voltado para o Pai de Jesus. Ao lavar seus olhos na piscina chamada "enviado", experimentou a ação poderosa de Jesus operando nele a cura da sua cegueira. Mas essa ação não ficou somente no nível material. Ao ser curado, logo percebeu o significado interior do que acontecera. Foi-lhe concedida a visão espiritual. Compreendeu imediatamente que Jesus era "de Deus". Nisso, tinha condições de abrir-se às palavras de Cristo para descobrir o segredo da sua identidade.

Enquanto isso, os fariseus que o interrogavam não conseguiam sair dos esquemas legalistas, que os levaram a sentir-se seguros diante de Deus e bem colocados entre a elite em Israel.

A atitude de autossuficiência que vemos nesta narração não se limita àquele grupo de líderes religiosos do tempo de Jesus. Ao contrário, é presente em todos os grupos e sociedades, incluindo dos cristãos, e tem de ser combatida continuamente. Isso porque é sempre uma tentação humana basear a nossa segurança nos esquemas que criamos para podermos nos sentir pessoas de bem. Só que não discernimos, nesses sistemas, as várias maneiras como a nossa atuação pode ser condicionada pela força do egoísmo e da injustiça, que deve ser sempre resistida. A atitude do ex-cego permite-nos ouvir mais uma vez o convite de Jesus para basearmos a nossa confiança somente na Pessoa dele e do Pai que ele revela.

João 10

Em comunhão com o Pai, Jesus é nosso Bom Pastor

Introdução

Da mesma forma que o capítulo 6, o capítulo 10 é um maravilhoso ensinamento sobre Jesus Cristo e a comunidade de fé que se reúne ao seu redor, agora na condição de Cristo Ressuscitado. Se, anteriormente, vimos Jesus como o Pão da Palavra e da Eucaristia, aqui o veremos como o Bom Pastor que nos dá vida em abundância.

Nesse capítulo 10, São João apresenta dois discursos de Jesus. O primeiro, em forma de parábola (1-21), foi feito depois da cura do cego de nascença, na época da Festa dos Tabernáculos, que acontecia no outono. O segundo discurso (22-40) foi pronunciado durante a Festa da Dedicação, realizada no inverno. Jesus continua sob a mira das mesmas pessoas que já haviam resolvido matá-lo. São "os judeus", ou seja, aquelas mesmas autoridades religiosas que o têm condenado desde o capítulo 5. São os mesmos homens que "têm se tornado cegos e cujo pecado permanece" por causa da sua rejeição a Jesus. Assim, João está nos mostrando como a tensão entre Jesus e os líderes vai aumentando e como o ambiente em Jerusalém é cada vez mais perigoso para ele.

10,1-10

Jesus é a porta do redil e o Pastor das ovelhas

Na presença dos mesmos líderes religiosos que têm se desqualificado como guias do povo, por causa da sua cegueira espiritual, Jesus chama a si mesmo de "porta do redil". Nisso, está reivindicando a autoridade de determinar quem pode e quem não pode exercer o ofício de pastor em Israel. O acesso legítimo ao rebanho é obtido somente por meio dele; outros que entram no aprisco sem o consentimento dele são "ladrões e assaltantes". Certamente, entre esses "outros" estaria aquele grupo de sumos sacerdotes que já tinham se mantido no cargo por longos anos e que se mostraram corruptos. Além deles, havia os peritos da Lei, ou seja, os saduceus e os fariseus, que faziam aliança com Herodes para ganhar favores.

Nos versículos 3b-5, Jesus muda o enfoque e fala do conhecimento mútuo que existe entre pastor e ovelhas. Afirma que já tem um rebanho que o conhece. A linguagem lembra-nos do relacionamento de amizade que ele deseja ter junto aos seus discípulos. Como um pastor chama suas ovelhas, Jesus chama cada um dos seus seguidores pelo nome, os "conduz para fora" e os vai precedendo; "eles o seguem porque conhecem a sua voz". Tudo fala de intimidade e confiança. A outros, porém, as ovelhas não se confiam. Vimos um caso concreto dessa desconfiança na recusa do ex-cego a condenar Jesus, como o queriam os fariseus (9,24-34).

No versículo 1, Jesus chama de "ladrões e assaltantes" pessoas que querem assumir autoridade sobre o rebanho, sem as motivações de quem procura dar a vida pelas ovelhas.

Na primeira parte do versículo 10, Jesus fala de um invasor do aprisco, que é pior do que os que foram mencionados no versículo 1. Aqui, não é tanto uma pessoa humana que Jesus está descrevendo, mas aquele que já tem denominado "assassino" (8,44). É o diabo que vem para matar e destruir a vida — especialmente, para destruir a vida de comunhão entre os homens e Deus.

Na segunda parte do versículo 10, Jesus descreve a si mesmo. Se o diabo procura destruir a vida das ovelhas, o objetivo de Jesus é exatamente o oposto: "Eu vim para que tenham a vida, e a tenham em abundância".

O leitor reconhecerá aqui o Verbo Encarnado de quem o Prólogo falou: "Nele estava a vida (isto é, a vida divina), e a vida era a Luz dos homens". Em toda a sua atuação a serviço dos homens e das mulheres, Jesus tem-se mostrado doador de vida humana, em todos os sentidos que esta palavra possa ter. Indo além, vimos como toda a sua atuação é um sinal que aponta à oferta de fazer-nos participantes da vida divina, que ele compartilha com o Pai. É essa a "obra maior" que ele realizará, pois o específico da sua missão é dar-nos essa vida, e dá-la em plenitude. É esse Jesus que é a porta do redil. Aqueles que quiserem ser pastores têm de entrar por essa porta; têm de assumir a missão serviçal de conduzir as pessoas a Jesus, ajudando-as a se abrirem à vida de comunhão com as pessoas divinas, cuja face Jesus está nos revelando.

Tanto para aqueles que pretendem conduzir o rebanho como para as pessoas que se colocam no caminho do seguimento desses pastores, há a necessidade de contínua conversão. As qualidades que a vida de Cristo pressupõe em nós não vêm já no auge do seu desenvolvimento, e, sim, em forma de sementes pequenas que precisam de contínua atenção (15,1-2). Na maioria das vezes, o povo das comunidades tem pouco entendimento da "graça por graça" que está sendo oferecida a eles (1,17). Como aquele povo seguindo Moisés, surge o cansaço, a saudade dos prazeres de antigamente, antes de eles assumirem essa nova vida. Jesus sabe que, quem vai ter de manter a fé focalizada na figure dele, é ele, junto com os pastores, e isso envolverá ele ser elevado numa haste, para curar essa gente.

10,11-21

Obediente ao Pai, o Bom Pastor dá sua vida e a retoma de novo

Jesus continua a explicar o papel que ele exerce em relação aos homens. "Eu sou o bom pastor". Imediatamente, ele qualifica este título: "O bom pastor dá sua vida por suas ovelhas". Jesus está reivindicando para si o papel do bom pastor prometido a Israel (Ez 34). Ele é o bom pastor porque está no processo de "dar sua vida" (11.15.17.18). Aqui, Jesus mostra consciência de que a dinâmica da sua missão em favor da nossa vida mais plena o está levando à morte. Ele já está oferecendo a sua vida humana (a sua *psychê*) para poder nos dar a sua vida divina (a *zōe*). E assume isso por amor às ovelhas. Amor maior não há (15,13). É justamente nessa doação radical de sua vida que ele mais experimenta ser amado pelo Pai (17). E é justamente essa disposição de fazer de sua vida dom para as ovelhas que sempre servirá de exemplo para os futuros pastores, para que não venham a ser ladrões e salteadores.

Nos versículos 14-16, Jesus afirma que entre ele e as ovelhas há um relacionamento mútuo de conhecimento íntimo, semelhante àquele que há entre ele e seu Pai. Já vimos como Jesus "conhece Deus e está voltado para o seio" do Pai (1,18); aprende com ele e obedece a ele (8,28). Esse relacionamento que tem com o Pai é, para ele, modelo do relacionamento entre ele e os que acreditam nele. Nesse capítulo 10, a palavra "conhecer" aparece nove vezes. Aponta para o relacionamento íntimo e amoroso que acontece quando alguém se abre ao convite do Bom Pastor e do seu Pai. É relacionamento de vida eterna partilhada conosco (17,3).

No versículo 17, Jesus exprime a consciência de ser o Filho amado, obediente ao Pai a ponto de entregar a sua vida em prol de um mundo que o Pai ama (3,16). Jesus sabe que, nas suas obras e palavras, está traduzindo, em termos humanos, a vida de amor que vive junto ao Pai. Vimos que é justamente por causa dessa fidelidade à sua missão que ele está no processo de dar sua vida para depois retomá-la. Jesus já foi "entregue ao mundo". Ele está em pleno processo de ser mal compreendido, rejeitado, perseguido, condenado.

No versículo 18, Jesus é bem explícito: "Este é o preceito que recebi do Pai". A obediência do Filho ao Pai é livre. Como agente de nossa salvação, Jesus é plenamente humano — consciente, livre, responsável. Insiste que é ele quem está dando a própria vida. Afirma "ter poder de entregar sua vida e retomá-la de novo". O fato de insistir aqui que é ele quem vai retomar sua vida nos indica que a sua ressurreição dos mortos será obra tanto dele como do seu Pai.

10,22-42

As obras de Jesus mostram a comunhão de vida entre o Filho e o Pai

O cenário desta parte do capítulo 10 é o Templo, onde se realiza a Festa da Dedicação, durante o mês de dezembro. Ansiosos por se sentirem cada vez mais "em suspenso", as autoridades, que João denomina "os judeus", rodeiam Jesus e o desafiam: "Se és o Cristo, dize-nos abertamente". Com certeza, para essas autoridades religiosas, o termo "messias" significa guardião da Lei e poderoso sucessor do rei Davi. Por isso, Jesus não afirma nem nega ser o Messias. Em vez disso, ele se refere, mais uma vez, às obras feitas por ele "em nome do meu Pai"

(5,36). Os líderes do povo não acreditam em Jesus porque não têm a sensibilidade para perceber a transparência das obras que ele realiza em favor dos sofridos, nem a atividade do Pai testemunhando a Jesus, enquanto ele atua a favor dos mais necessitados (5,37-38).

Os judeus estão bem conscientes de que Jesus está reivindicando para si mesmo a condição de um agente transcendente de Deus, que ele chama de "meu Pai". Por isso se põem a lapidá-lo, "não por causa de uma boa obra, mas por blasfêmia, porque, sendo homem, tu te fazes Deus". Vimos uma reação semelhante quando Jesus "violava" o sábado, no capítulo 5, e disse que, nisso, estava seguindo o exemplo de seu Pai. Naquela ocasião também, Jesus falava de si como Filho unido ao Pai na obra de dar vida eterna aos homens que acreditam nele (5,20.24). E lembramos com alegria que o Pai e o Filho fazem sua morada dentro de todos que desejam viver na amizade com eles (14,23).

Na sua caminhada em meio a nós, Jesus mostrou que a caridade que nos estabelece em comunhão com ele e seu Pai se torna, também um dinamismo nos impelindo a partilhar o melhor que temos com os outros. São as nossas energias bioquímicas, nossos talentos, nossa formação, nossos desejos de viver como Jesus vivia. Assim, no Evangelho de São João, o ponto de partida e o ponto de chegada são sempre os mesmos: a realidade interior de Deus como nós a vimos no Prólogo e como nós a vemos no Filho que está revelando Deus a nós; ou seja, na sinodalidade e na partilha; na compaixão e na fidelidade; na sede da justiça e na paz para todos; enfim, na vida que é mais vida.

Entretanto, não são somente aqueles que professam a fé cristã que buscam essa união. A ação do Verbo Encarnado ultrapassa todas as delimitações visíveis. Como foi indicado no Prólogo (1,1-18), o Verbo é luz para o mundo inteiro, embora a maior parte deste mundo ainda não conheça o evangelho.

Já vimos como como o exemplo histórico de Jesus mostra o tipo de vida que o Verbo inspira em todos aqueles que abrem a ele e ao seu Pai o coração, mesmo sem conhecê-los explicitamente. Só Deus sabe quantas pessoas existem que nunca foram instruídas para chegar a sentir um relacionamento pessoal com Jesus. Quantas destas aprenderam na vida a se deixarem ser atentas ao Espírito que sopra no coração humano. Apesar de todos os seus condicionamentos e, certamente, as muitas limitações e erros, essas pessoas procuram viver valores mais humanos nos seus relacionamentos diários, na família, na profissão, na sociedade. Não seriam incluídas entre essas pessoas aquelas "outras ovelhas" que pertencem ao bom pastor (10,16), que são os "filhos e filhas de Deus dispersos pelo mundo inteiro" (11,52), pessoas sofridas que têm aprendido na vida a ter uma sensibilidade às moções do Espírito de Deus através do atendimento aos doentes, na própria casa ou na profissão que exercem? Muitas dessas pessoas são filhas de pais separadas que anseiam por um abraço que não encontram. Essa é a realidade à qual fomos enviados a trabalhar. Pois este é o mundo que Deus ama e ao qual deu seu Filho Amado (3,16).

No versículo 39, pela segunda vez neste capítulo, os judeus procuram matar Jesus por lapidação, que é o castigo por blasfêmia. Mas ele escapa das suas mãos e se retira para o outro lado do Jordão. No versículo 41, João salienta a popularidade de Jesus por causa dos seus milagres e do testemunho que João Batista tinha dado sobre ele naquela mesma região.

João 11

A decisão do Sinédrio: retrato da história do doador de vida

Introdução

Aproxima-se mais uma festa de Páscoa (55). Será a terceira e última Páscoa celebrada por Jesus no decorrer do Evangelho (2,13 e 6,4), pois é durante essa festa que ele morrerá.

A menção da festa de Páscoa faz-nos recordar do título dado a Jesus por João Batista, quando este o chamou de "Cordeiro de Deus" (1,29.36). Este título indicava, já no início do Evangelho, que Jesus substituiria os cordeiros oferecidos pelos judeus no ritual litúrgico.

Tudo isso é pano de fundo do capítulo 11, que se concentra na história da ressurreição de Lázaro e, depois, na reunião na qual alguns membros do Sinédrio tomam a decisão de matar Jesus. Assim, a narração sobre Lázaro dramatiza a trajetória de Jesus de Nazaré e suas obras de misericórdia, especialmente aquelas relatadas nos capítulos 4 e 5.

Esse fato reflete o drama que estamos vendo no Evangelho. Por sua liberdade de atuação em favor de cada pessoa que precisa de mais vida, Jesus não hesita em reivindicar a liberdade de Filho de Deus e agir com autoridade suprema nas questões teológicas e éticas daquela sociedade — e no mundo inteiro. Tal liberdade contraria o fechamento daqueles que se consideram prejudicados pela nova proposta de Jesus, a qual tem como critério principal realizar a vontade do seu Pai de que cada um receba normas justas e compassivas na sociedade em que vive e trabalha. Mas vimos que esse Deus Pai não é aceitável neste mundo. A resistência a uma conversão nesse nível tão profundo revela a orientação do nosso coração sob a força do nosso egoísmo. "Entregue a este mundo" (3,16), Jesus está assumindo conscientemente o papel de Cordeiro de Deus, ou seja, daquela figura do livro do profeta Isaías, cuja morte possibilita uma reaproximação de Israel com seu Deus.

11,1-44

Ressuscitando Lázaro, Jesus dá mais um sinal de ser ele mesmo doador de vida eterna

Desde a cura do paralítico, no capítulo 5, São João nos tem avisado, continuamente, sobre as tentativas dos chefes dos judeus de prender Jesus para matá-lo (5,16.18; 7,1.19-20.25.30.32.44; 8,37.40.59; 10,31.39). Vimos como Jesus se retirou da Judeia duas vezes por causa do perigo a sua vida (7,1; 10,40). Se já não morreu, foi somente porque "ainda não era a sua hora" (7,30; 8,20). Agora, porém, Jesus irá a Betânia, a uma distância de três quilômetros de Jerusalém, e não mais se afastará da região da Judeia (54). As tentativas de prendê-lo e matá-lo continuarão (8.50.53; 12,10), pois a sua hora está chegando (12,23).

Qual é, de modo concreto, a razão de Jesus ir para tão perto de Jerusalém, onde facilmente pode ser preso pelas autoridades que estão determinadas a matá-lo? João é bem claro: é por causa da necessidade de seus amigos que estão lá. Assim, nesta narração, vemos, mais uma vez, como o divino se faz enxergar por meio do humano. A vida que está no Verbo se faz luz na atuação concreta e histórica da sua humanidade. É uma humanidade que ama com amor terno. No presente episódio, os laços humanos que ligam Jesus a esses amigos de Betânia são muito evidentes. Jesus vai à casa dos três amigos que estão precisando dele, mesmo que isso implique colocar a própria vida em perigo. Uma vez lá, diante da dor e da morte, a sua reação espontânea é compadecer-se interiormente. Depois, "Jesus chora". E o povo exclama: "Vede como ele o amava!" (33-36). Para o evangelista, o amor de Jesus por Lázaro e suas irmãs é símbolo do amor que Cristo Ressuscitado tem por todos os cristãos, chamando todos a terem com ele um relacionamento pessoal, no qual nos ama com um "amor maior" (13). Por isso, é o próprio "Discípulo Amado" a testemunha principal neste Evangelho que estamos lendo.

No versículo 4, Jesus anuncia aos discípulos que a doença de Lázaro é para a "glória de Deus e do Filho de Deus". Esta menção da "glória" faz o leitor recordar o capítulo 2,11. Lá, os discípulos de Jesus "viram sua glória" pela primeira vez. Agora, quando Jesus sabe que as "horas" que lhe restam são poucas, ele aponta para mais uma manifestação dessa glória. Mas não vai a Betânia imediatamente. Livre das pressões humanas, vai somente depois da morte de Lázaro.

Diante da determinação de Jesus de ir à Judeia, os discípulos apelam em nome do bom senso: "Há pouco, os judeus queriam lapidar-te!" (10,31). Jesus mostra a urgência que sente: suas "horas" estão chegando ao fim; os discípulos precisam aproveitar sua presença como Luz do mundo (1,4; 8,12; 9,5; 12,35-36.46), porque ainda não o entendem. Ao ouvir Jesus dizer que Lázaro "dorme", argumentam: "Se ele está dormindo, então a crise passou, irá melhorar". Jesus esclarece a situação: "Lázaro já morreu!". Mas, por causa dessa morte, os discípulos terão mais razão ainda para "crer" nele. Jesus os chama para acompanhá-lo até a casa de Lázaro. Diante da determinação do Mestre, Tomé entende que não lhes resta outra escolha: "Vamos também nós para morrermos com ele!", ou seja, "Se Jesus morrer, não adianta vivermos!". É resposta de amizade à amizade de Jesus!

O versículo 17 tem um tom de que tudo está consumado e chegou ao fim: "Ao entrar em Betânia, Jesus encontra Lázaro sepultado há quatro dias!". Segundo o pensamento humano, não há nada mais a fazer. Assim, esse amigo de Jesus torna-se símbolo de toda humanidade que se encontra em condição de fragilidade e mortalidade. Uma humanidade que tem ânsia de viver e sede do Infinito, mas que fica sob o domínio da morte, que leva ao isolamento absoluto do túmulo, "onde se cheira mal". Conhecendo a riqueza literária do autor desse Evangelho, sentimos que João pretende simbolizar toda a situação humana na figura de Lázaro, morto e sepultado.

Marta, a irmã do morto, vem ao encontro de Jesus, consolada com a presença dele, mas sem ter nenhuma clareza de que ele possa fazer agora. Mesmo assim, exprime a Jesus sua vaga confiança de que "tudo o que tu pedires a Deus, ele te concederá". Na sua resposta, Jesus traz nítida a confiança que deseja dela: "Seu irmão ressuscitará". Marta já acredita nisso, pois, junto com muitos outros judeus, ela aceita a doutrina da ressurreição geral que haverá de acontecer no fim dos tempos. Mas Jesus indica que está falando de já, agora! Lázaro voltará a viver agora; voltará à vida que é a *psychê*, isto é, àquela mesma vida humana que tinha antes. Voltará à vida que ainda é passageira.

Mas essa volta de Lázaro à vida será sinal de outra obra, "ainda maior", a ser feita por Jesus (5,20). Assim, na iminência de Jesus ressuscitar Lázaro, João apresenta Jesus falando palavras que mostram o significado mais profundo desse milagre, pois a vida mortal devolvida a Lázaro será sinal da doação de uma vida infinitamente maior que a vida mortal, ou seja, a doação da *zōe ainon*, a vida eterna, isto é, a própria vida de Deus.

Já vimos como essa vida divina, que estava no Verbo (1,4), está agora em Jesus de Nazaré, para ser partilhada conosco (3,16; 4,14; 5,24; 6,57; 7,39). Nos versículos 25-26, Jesus aponta a si mesmo como Doador dessa vida e, imediatamente, esclarece como ela ultrapassa nossa vida natural, em dois sentidos:

1. No futuro, aquele que crê em mim será vitorioso sobre a morte: "Viverá".
2. Já agora, aquele que crê em mim possui uma vida que "nunca morrerá".

É com essa consciência que Jesus reza para que as pessoas percebam que Pai e Filho realizam essa obra em conjunto. Jesus grita em alta voz: "Lázaro, vem para fora…". E aquele que estava morto sai do túmulo, sinal de um futuro povo, que terá dentro de si a força de vida que faz os outros viverem mais plenamente, assim como Jesus.

11,45-54

A ressurreição de Lázaro e a decisão do Sinédrio de matar Jesus ratificam a história da morte do doador de vida em Jo 5,15-18

A reação popular ao milagre da ressurreição de Lázaro intensifica o medo nos sumos sacerdotes. Estes convocam uma reunião do Sinédrio. Nenhum deles nega que Jesus ressuscitou Lázaro do túmulo. Ao contrário, estão perfeitamente conscientes de que ele tem feito "muitos sinais". Mas, em vez de procurar compreender o significado desses sinais, os líderes temem que "todos acabem por crer nele", e, assim, Jesus teria condições de liderar uma revolta popular contra Roma, o que poderia levar à destruição do "lugar santo", o Templo. Pensam que esse edifício estaria sob a eterna proteção de Deus e, claro, sob a autoridade deles. Porém, desde o início do seu Evangelho, João lembra a nós, leitores, que o Templo é destinado a ser destruído, e também mostra como a atuação desses sumos sacerdotes já está sob julgamento da luz (2,19ss; Ez 34). Jesus de Nazaré está substituindo toda a instituição mosaica centralizada no Templo e na Lei, pois é o Filho revelando o amor oferecido a nós por ele e seu Pai. Assim, com ironia, João mostra os temores desses chefes dos judeus, que procuram eternizar um sistema religioso excludente já obsoleto, por não centralizar sua fé na pessoa de Jesus.

No versículo 54, Jesus, consciente da sua condenação pelos chefes do povo, se retira para Efraim. Lá pretende passar seus últimos dias a sós com seus discípulos — até chegar a sua "hora".

Depois, logo nos primeiros versículos do capítulo 12, é possível notar como o ambiente na cidade de Betânia, para a qual Jesus finalmente se dirige, é dominado pelo fascínio do povo por ele e pela ansiedade dos líderes em prendê-lo. Assim, João estabelece o contexto dos acontecimentos que se realizarão. Será nessa Páscoa que Jesus experimentará a grande força da incompreensão e da rejeição humanas. Consciente do cerco que se está fechando ao seu redor, pela hostilidade cada vez mais crescente à sua Pessoa, Jesus discerne a proximidade da sua saída deste mundo. Assim, enquanto Jerusalém se prepara para a Festa de Páscoa, ele vai assumindo, cada vez mais conscientemente, aquilo que implica o título "Cordeiro de Deus" e experimentando também a dor de se despedir dos seus amigos.

João 11,55–12

A unção de Betânia e a comunhão entre Jesus e seu Pai

Introdução

João informa-nos que estamos "a seis dias da Páscoa". Jesus e os Doze se encontram na casa de Lázaro, perto de Jerusalém. É a última semana da vida de Jesus. O evangelista liga o capítulo 12 com o anterior, observando que, no jantar oferecido a Jesus em Betânia, está presente também Lázaro, "que ele ressuscitara dos mortos". Restaurado ao convívio dos seus familiares, esse homem é sinal da gratuidade do amor divino que opera em Jesus. Ainda mais, sentado à mesa junto com aquele que lhe devolveu a vida mortal, Lázaro se torna sinal do convite que Jesus nos faz de participar com ele no banquete da vida eterna.

11,55–12,19

Uma mulher prepara Jesus para o sepultamento

Em um ato de prodigiosa gratidão por Jesus ter devolvido a vida a seu irmão Lázaro, Maria unge-lhe os pés com um perfume muito caro, porque especial. Enquanto isso, Judas Iscariotes, "que era ladrão", queixa-se da quantia em dinheiro dos pobres — isto é, da bolsa dele! — que está sendo desperdiçada com esse gesto (12,6; 13,29). Mas Jesus defende a mulher. Ela deu a ele aquilo que tinha de melhor. Consciente da iminência da sua morte e diante da má-fé de Judas, Jesus vê o gesto de Maria como o modelo de relacionamento que quer que seus discípulos tenham com ele. Afirma que Maria reservou aquele perfume precioso para ungi-lo, antecipadamente, em vista do seu iminente sepultamento. Nisso, ela é solidária com ele no seu sofrimento.

Quanto à objeção de Judas, Jesus observa que "sempre haverá pobres". Nossa experiência, hoje, mostra como Jesus é realista. Entre os vários fatores que causam a pobreza, os principais são a injustiça e a falta de solidariedade. Essas atitudes, tão características dos mecanismos "do mundo", continuam a empobrecer os fracos e a descartar os pobres. Jesus afirma que esses pobres "estarão sempre conosco". Sabemos pelo exemplo do próprio Jesus que essa presença não pode ser vista como uma simples proximidade material ou profissional a pessoas que incomodam; ao contrário, a presença dos sofredores será contínua em nossas preocupações pessoais e comunitárias, como no nosso projeto de vida cristã.

Contudo, essa abertura aos pobres não substitui o relacionamento pessoal e terno com a própria pessoa de Jesus. O exemplo de Maria aos pés de Jesus mostra-nos o caminho da maior fidelidade. Cristo quer que alimentemos sempre o nosso conhecimento e o nosso amor pessoal a ele por intermédio dos meios que a devoção cristã sugere. Amizade humana com o Senhor Ressuscitado e seguimento do exemplo de Jesus no seu serviço aos sofredores são realidades inseparáveis: um sem o outro seria uma espiritualidade cristã desencarnada e incompleta.

12,20-50

A comunhão de Jesus e seu Pai nos acontecimentos que marcarão a sua hora

Todo o Evangelho de João tem apresentado o caráter conflituoso da vida de Jesus de Nazaré. Vimos, repetidamente, como o clima de um processo judicial percorre a narração, começando com a interrogação de João Batista ainda no deserto. Naquela sociedade, Jesus está andando na contramão, rumo à sua "hora". Como cristãos, nós, leitores, sabemos que será a hora da sua morte violenta. Com muito cuidado, João tem-nos mostrado o significado mais profundo desse conflito, ou seja, que não será nem por acaso nem por um decreto fatalista de um Deus vingativo que Jesus morrerá. Será, isso sim, por causa do amor divino que está o impelindo a agir a serviço da vida, com toda a autoridade de Filho de Deus e com poder sobre a vida e a morte; e também para afirmar que o destino de cada um depende da sua fé em Deus.

Consciente de ser o enviado do Pai, dotado com atributos divinos, Jesus atuava com liberdade em relação às restrições estabelecidas pelo egoísmo humano, seja individual, cultural ou social. Ele viu como nós, seres humanos, reagimos, instintivamente, contra tanta liberdade, pois ela expõe a falsidade das ideologias que desvalorizam a pessoa humana, favorecem a alienação do crente à realidade em que vive e fortificam os esquemas opressivos. Radicalmente, o Evangelho nos faz enxergar a nossa própria resistência em abrir-nos a um Deus tão apaixonado pelo ser humano e tão livre no seu amor. Um Deus, enfim, que só poderia ser adorado "em espírito e em verdade" (4,23), ou seja, em termos de solidariedade e justiça vividas em cada encontro da sua história.

Várias vezes João tem-nos avisado de que a "hora" de Jesus ainda não chegou (2,4; 7,30; 8,20; cf. também 7,6.8). Contudo, a partir do versículo 20, ao informar que os gregos, durante a Festa da Páscoa, "querem ver Jesus", sinaliza-nos que eles representam todas as pessoas abertas à Luz que "ilumina todo homem" (1,9), as quais estão interiormente sensíveis à "voz do Pai que dá seu testemunho" por meio de seu Filho (5,37). Nesse contexto, Jesus proclama: "É chegada a hora em que será glorificado o Filho do Homem" (13,1; 17,1). É "chegada a hora" porque as forças que o levarão à morte já estão em ação e são irreversíveis. A atuação de Jesus dentro deste mundo tem causado a incompreensão e rejeição a ele. As trevas estão no processo de tentar apagar a Luz. Os sumos sacerdotes e os fariseus estão determinados a matá-lo, mas a Luz brilhará com maior intensidade.

No versículo 24, então, quando Jesus oferece-nos a compreensão daquilo que está para acontecer, com a frase: "Se o grão de trigo que cai em terra não morre, ele fica só; se, ao contrário, ele morrer, produzirá fruto em abundância!", João nos descreve os acontecimentos dessa "hora" em termos de uma semente que precisa morrer para dar fruto. É o plano do Pai que Jesus tem discernido. A obra da salvação será realizada de maneira tão escondida como o são a morte e a germinação de uma semente caída ao chão. Portanto, a vinda dos gregos para Jesus significa que sua morte trará vida a todos aqueles que passam a enxergar o sentido interior dos acontecimentos da sua hora e percebem a glória do amor divino brilhando na figura de um crucificado. O Evangelho de João está nos ajudando a enxergar esse significado.

Na frase do versículo 25, citada em todos os outros evangelhos (Mc 8,34-35; Mt 10,39; 16,25; Lc 9,24), João trata da necessidade radical de o discípulo agir como Jesus, ou seja, relativizar a própria vida humana num mundo onde o egoísmo faz a pessoa absolutizar a si mesma à custa dos outros. Impelido pelo dinamismo da vida divina dentro dele, Jesus está consciente da iminência de dar a própria vida humana para que os outros vivam mais humanamente, em todos os sentidos, e para que se abram à vida de filhos e filhas, em comunhão com ele e seu Pai. Nisso, Jesus é modelo para cada fiel.

Nos versículos 27-28, por sua vez, vemos como o Jesus de São João é profundamente humano. Sua alma "é conturbada". Sua humanidade recua diante do mal que quer destruí-la. Ele experimenta angústia e enfrenta a tentação de pedir ao Pai que o salve da sua "hora". Mas Jesus conhece o seu Pai. Entregue pelo Pai ao mundo, tem sido fiel à sua identidade de Filho. Ali, no centro de poder daquela sociedade, ele espelha a prioridade do seu Pai: ensina, cura, acolhe a multidão que vem ouvi-lo no Templo, exige mudanças nas atitudes de todos, tanto dos pequenos como dos grandes. E por isso está sendo rejeitado. Sabe que, no próximo dia, nas mãos de Pilatos e de seus soldados, ele será o mais desprezado de todos, seja judeus, seja gentios. Porém, sabe também que o plano do seu Pai não vai falhar. Pelo contrário, vai se realizar justamente através dos acontecimentos da sua "hora". É essa a fé de Jesus de Nazaré! É a confiança no Pai que o enviou. Assim, não obstante a angústia humana que sente, o Filho assume plenamente a vontade do Pai, sobre a qual tem discernido. Jesus reza: "Pai, glorifica o teu nome". E o Pai lhe responde, confirmando o discernimento do Filho: "Eu o glorifiquei e o glorificarei novamente!".

Filho e Pai estão sempre juntos nessa trajetória rumo à cruz. O nome do Pai tem sido, e continuará a ser, glorificado. Mais do que nunca, Jesus será Luz do mundo, ou seja, aquilo que acontecerá na sua "hora" será uma revelação tão perfeita do amor do Pai e do Filho para a liberdade humana que iluminará as trevas e lançará para fora "o príncipe deste mundo", aquele que é "pai da mentira e da morte" (8,44).

Nos versículos 31-32, por fim, Jesus associa "o julgamento deste mundo" à "elevação do Filho do Homem". Os judeus que o ouvem estão acostumados à crueldade dos romanos. Para eles, a palavra "elevado" significa crucificação. Mas não entendem como uma pessoa tão poderosa como Jesus possa falar de ele mesmo ser elevado numa cruz. Na verdade, durante a sua vida terrestre, nem os discípulos o entendiam Nós, porém, os leitores cristãos do Evangelho, devemos entendê-lo, pois, na pessoa de Jesus "elevado" à morte, reconhecemos aquele que se chamava "Eu Sou" (8,28). Sabemos que é o mesmo Jesus que tem mostrado seu poder sobre a vida e a morte e que reivindica a autoridade de ser Juiz da humanidade. Lembrando suas curas, ouvindo-o falar repetidamente da sua morte por nós, contemplando em breve seu cadáver pendurado na cruz, iremos ter diante de nós o sinal do amor transcendente dele e do seu Pai clareando a nossa inteligência. Será essa a verdade que nos liberta. Sentiremos o convite à nossa liberdade de darmos uma resposta à altura das qualidades da misericórdia divina revelada na vida e na morte desse homem de Nazaré (12,32). Será a hora de Jesus ser glorificado ali mesmo, naquele tormento, bebendo o cálice que recebeu do Pai, e, assim, se tornando a mais perfeita revelação do Pai, que é amor. E, nessa doação total, olhando a cada um de nós, nos dizer: "Veja como vos amei!". Então, ou entenderemos o amor do Filho e do Pai na figura do "elevado", e nos entregamos a ele, ou ficaremos sem entender nada do plano de salvação que Jesus cumpriu na cruz.

João diz que, "depois de falar isso, Jesus retirou-se e se ocultou deles". É o fim do seu ministério público.

João 13

O lava-pés e o mandamento do amor

Introdução

Nunca, em toda a história da literatura, o leitor foi levado tão profundamente para dentro da experiência interior de outra pessoa, pois, no capítulo 13, somos admitidos dentro do coração de Jesus de Nazaré. Nós estamos vendo os sentimentos do Verbo Encarnado. É a experiência do Filho que vive no seio do seu Pai e que foi entregue a um mundo em pecado. É a experiência de Jesus chegando a ser cada vez mais a perfeita expressão do amor de seu Pai por nós. A identificação total do Filho com o Pai será realizada em breve, com morte de cruz.

João começa com uma afirmação abrangente sobre Jesus: "Tendo amado os seus que estavam no mundo, amou-os até o fim".

Na cena inicial do capítulo 13, todas as personagens estão silenciosas, mas é um silêncio repleto de significado. Depois de doze capítulos que se concluíram com a renovada determinação dos sumos sacerdotes de matar Jesus, bem como Lázaro, João nos faz participar desse santo momento no cenáculo. Jesus está ceando com os seus amigos pela última vez. Em breve, começará seu discurso de despedida. Ele sabe que tudo está combinado entre Judas e os inimigos que querem matá-lo. Ele será preso. Uma vez nas mãos dessas pessoas, o resto — falsas acusações, condenação, morte — virá automaticamente.

13,1-17

Jesus lava os pés dos Doze

Sentado à mesa com os seus discípulos, Jesus está plenamente consciente de que "tudo está nas suas mãos, e que veio de Deus e está de volta para ele". Inesperadamente, ele se levanta, pega uma toalha, abaixa-se diante dos discípulos e começa a lavar-lhes os pés. Qual seria o significado desse gesto? Podemos sugerir alguns.

1. Na nossa leitura de João 1–12, o evangelista nos mostra Jesus se colocando a serviço das pessoas, fazendo-se uma presença atenciosa, compassiva, curativa e, todo o tempo, sendo exemplo para os discípulos. Por isso, no versículo 12, o vemos perguntando aos seus amigos: "Compreendeis o que eu vos fiz?".

Os discípulos deviam compreender e, também, praticar esse ensinamento dado de forma dramática. O contato com

Jesus deve ter suscitado neles o desejo de tratar todos com um amor gratuito e misericordioso, ou seja, com a mesma "graça e verdade" que viam em Jesus, e que ele desejava ver sendo vividas entre eles. Por isso, Jesus cobra deles esse entendimento e exige seguimento: "Dei-vos um exemplo para que, como eu fiz, também vós o façais".

2. A experiência de Pedro nessa cena é de radical perplexidade. Assustado por ver seu Mestre abaixar-se diante dele, Pedro recusa-se a permitir que Jesus lave-lhe os pés. No versículo 7, Jesus diz a Pedro que ele irá entender o significado mais pleno desse gesto somente "mais tarde". Em seguida, avisa esse discípulo quais seriam as consequências de persistir na recusa de deixar-se lavar pelo Mestre: "Se eu não te lavar, tu não terás parte comigo!".

Então esse gesto de lavar os pés dos discípulos aponta para algo que Jesus ainda tem de fazer para nos "purificar", que é absolutamente necessário para que possamos "ter parte com ele".

Acabamos de ver como a salvação realizada por Jesus tem uma dimensão que inclui, mas que vai muito além, a formação moral e ética de seus seguidores. É o papel que o Espírito Santo tem no plano do Pai: suscitar a conversão radical no santuário de cada seguidor, que só poderá ser realizada depois de Jesus ter dado tudo de si mesmo como sinal do amor do Pai, aceitando — de um ponto de vista humano — ser destruído e, em todo tempo, perdoando e confiando na vitória da vida sobre a morte.

No sentido mais profundo, a razão da nossa participação numa comunidade cristã não é a simpatia humana, nem qualquer interesse próprio, nem uma bandeira ideológica; é, sim, o dinamismo de cada um receber continuamente a "graça por graça" que nos vem do Senhor Jesus para sua Igreja. É a luta de ser fiel ao amigo que foi "até o fim" na doação da sua vida, por nós. É a força do Espírito que nos vem do lado aberto do Cordeiro de Deus (7,37-39) como "água viva" que sacia nossa sede e nos purifica continuamente com a memória de Jesus e a graça de uma conversão sempre mais autêntica.

13,18-30

Uma amizade aprofundada; uma amizade rejeitada

No versículo 18, a narração de João focaliza na própria experiência de Jesus. Por citar o trecho do salmo 41, Jesus mostra o seu entendimento do desígnio do seu Pai. Por sua determinação de trair Jesus, Judas está se fechando às iniciativas da graça de Deus, mas isso não escandaliza Jesus nem frustrará os planos do Pai.

Não é que Jesus seja insensível àquilo que Judas pretende fazer. "Perturbado interiormente", ele anuncia que um dos discípulos irá entregá-lo. Reclinado à mesa, ao lado de Jesus, está "o discípulo que ele ama". Instigado por Pedro, esse discípulo pergunta a Jesus: "Quem é, Senhor?". E Jesus responde por meio de um gesto que, naquela cultura, era sinal de amizade entre companheiros de vida.

Para a comunidade joanina, essa intimidade do Discípulo Amado com o Mestre na última ceia era sinal do relacionamento íntimo entre ambos, que possibilitava para esse discípulo uma visão mais penetrante da pessoa de Jesus, quer durante a sua vida com os discípulos, quer depois da sua ressurreição (20,8; 21,7). No fim do Evangelho, o autor afirma que a fonte daquilo que foi narrado era justamente "o discípulo que Jesus amava, aquele que tinha reclinado sua cabeça no peito de Jesus e lhe perguntara...", e que muitos concordam ter sido o próprio João (21,20).

João 14

A nossa obediência à palavra de Jesus nos dispõe a um relacionamento pessoal com ele ressuscitado, com o seu Pai e com o Espírito Santo

Introdução

Nos capítulos 14 a 17, São João continua a nos apresentar a espiritualidade da sua comunidade cristã. Desde o início do Evangelho, ele fala do trabalho do nosso Deus único e trino, que o leitor do Evangelho é convidado a conhecer. Muitas palavras que João usa indicam que a nossa experiência com esses agentes da nossa salvação deve assumir a forma de um "encontro pessoal" (Papa Francisco), em comunhão com todos eles e atuando com cada um deles. Esse relacionamento tem muitas facetas. Assim, somos convidados a conhecer, a crer, a deixarnos ser purificados e podados, a obedecer e a confiar no amor maior de Jesus e de seu Pai por nós, e a aprendemos a ser mais receptivos ao Espírito que nos vem dos dois.

Todas as palavras do evangelista indicam algum envolvimento pessoal com uma ou outra das Pessoas divinas, e com todas as três juntas. Tais palavras descrevem uma riqueza de experiências de Deus que constituem a herança espiritual deixada por Jesus para cada cristão que procura caminhar à luz do Evangelho. Mas o leitor maduro se lembrará de que uma experiência consoladora desse tipo muitas vezes se faz sentir somente depois de uma preparação no Espírito, ou depois de passarmos por um sofrimento que nos abala e que nos convida a perseverar, apesar de situações que nos deixam experimentar a força que o mal ainda tem sobre nós, a nossa vulnerabilidade a esse mal e a facilidade de cairmos.

No fim do capítulo 14, versículos 21 a 31, o leitor poderá contemplar alguns traços do Deus que Jesus nos deu a conhecer e que nos ajudarão a resistir à força do mal dirigida contra nós. João 14 é uma das passagens mais prenhes de referências à espiritualidade cristã. Vale a pena o leitor analisá-la e refletir sobre ela, sem nenhuma pressa. Aqui daremos algumas pistas.

14,1-31

As três dimensões da nossa experiência de Jesus

A primeira dessas dimensões é a *escatológica*, isto é, a promessa da vida eterna com Jesus na casa do Pai (1-4); a segunda, é a *histórica*, que é nosso conhecimento da pessoa de Jesus enquanto esteve no meio de nós, revelando-nos o Pai (5-11); e a terceira dimensão é a *atual*, na qual Jesus está intercedendo por sua Igreja diante do Pai e enviando o Espírito à sua Igreja e aos homens abertos a ele (12-31).

Jesus chama o Espírito Santo de "Espírito da Verdade" (16-17). Este abre a nossa inteligência a realidades que estão além do nosso alcance humano e que, junto com o nosso batismo, nos fazem participantes ativos da comunidade de fé que é a Igreja cristã. Ele também faz nascer em nós o profundo desejo de vivermos com a liberdade interior de Jesus (8,32), na verdade e na caridade. Assim, a fé é sempre uma força libertadora num mundo onde o "pai da mentira e da morte" procura enganar e destruir aquilo que é mais verdadeiro e mais humano.

Aos poucos, para aqueles a quem for dado o desejo de viver na fidelidade ao Evangelho e que se abriram a este, o Espírito ajudará a harmonizar os desejos, os afetos e as motivações com a dinâmica da caridade, que é a força da vida divina em nós. O Espírito é agente do nosso crescimento espiritual progressivo e, frequentemente, doloroso, exigindo rupturas, amadurecimento, sacrifício e contínua vivência da palavra de Jesus, como esta é entendida pelos nossos pastores. É esse mesmo Espírito que suscita em nós "moções do Espírito", desejos mais interiores — sentimentos de arrependimento, inspirações à compaixão, confiança, gratuidade —, que nos incentivam a uma doação e a uma alegria maior. Muitas vezes essas "moções" passam por nosso coração quase imperceptíveis, como uma brisa leve "que vem e que vai" (3,8), sendo acolhida ou deixada dissipar-se — até que a pedagogia divina aja de novo, chamando-nos a "prestar mais atenção".

Assim, "conhecemos o Espírito da Verdade que está em nós" através daquilo que ele faz em nós (17). Nós o conhecemos por sermos a obra da sua atuação, que nos torna, individualmente, seguidores de Jesus e que nos une à Igreja cristã, ao redor do Senhor Jesus.

Então, no mesmo momento em que estamos unidos em uma assembleia litúrgica, adorando e agradecendo ao Pai e ao Filho, junto com nossos irmãos de fé, ou engajados na defesa dos sofridos, ou nos doando na fidelidade à nossa vocação familiar e professional, ou nos mostrando solidários com os pobres e excluídos da nossa vizinhança, no nosso estilo de vida, ou simplesmente unidos no seguimento de Jesus, "carregando a cruz de cada dia" (Lc 9,23), estamos também "conhecendo o outro Paráclito". É o outro Amigo cuja atuação em nós possibilita essa vivência de caridade cristã encarnada e onipresente, transbordando recintos institucionais e coligações interesseiras e fazendo-nos filhos e filhas do Pai e irmãos e irmãs de Jesus.

Central na nossa vida é a experiência de Jesus ressuscitado, que se mostrou vivo aos amigos depois de ressuscitar (18-20) e que se comprometeu a "se manifestar" a todos aqueles que são sérios — mas nunca perfeitos — na observância do novo mandamento (20). No versículo 21, vemos Jesus afirmando que continuará a mostrar-se amigo, em qualquer época, daqueles que ficam à espera de um maior conhecimento da sua Pessoa. São os que aprenderam a necessidade de silêncio interior, de estudo e oração, e, acima de tudo, de doação de si na liberdade interior que experimentamos no seguimento do Mestre.

O ponto alto desse discurso está no versículo 23: Jesus e seu Pai desejam morar dentro de nós. É a *zōe*, ou *agapé*, isto é, a realidade interior da vida divina sendo vivida em sua moradia, que somos nós. É a nossa experiência de Jesus ressuscitado intercedendo por nós! É a experiência que temos na liturgia de irmos "ao" Deus Pai, "por" Jesus Cristo, "no" Espírito Santo. É tudo isso, e é muito mais. E Jesus apresenta isso não somente para uma elite já santificada, mas para todos que desejam se dedicar a viver na fidelidade de verdadeiros discípulos seus e que sentem o peso da sua fraqueza.

Jesus fala ao Pai como o Filho que é Intercessor de uma humanidade cuja divinização está se realizando. Várias vezes no Evangelho vimos como João focaliza a nossa atenção na palavra "vida", *zōe* (3,15.16; 5,20.24.26.). Agora, em 17,3, Jesus define qual é a Vida Eterna que ele e o Pai vivem, e que estão no processo de partilhar conosco: "Ora, a Vida Eterna é esta: que te conheçam a ti, o Deus único e verdadeiro, e Aquele que enviaste, Jesus Cristo".

Já vimos que a revelação dessas Pessoas Divinas voltadas a nós é o conteúdo nuclear da "Verdade" que Jesus anuncia. É o cerne da "doutrina" revelada por ele em suas palavras e, ao mesmo tempo, traduzida por ele em ações concretas. É o Pão do Céu que nos alimenta. Acreditada por nós, essa verdade se torna conteúdo primordial da nossa fé cristã. Ela nos coloca conscientemente diante dos três agentes da nossa salvação, revelados por Jesus. Como cristãos, a nossa primeira missão é a de vivermos na comunhão e na partilha: esses dois aspectos que revelam ao mundo a face desse Deus que nós conhecemos.

Esse amor tem de aparecer em termos visíveis e significantes, e será sempre conflitante em relação à nossa sociedade, na medida em que esta segue matrizes irreconciliáveis com o bem integral das pessoas.

No caso de Jesus, que vivia numa sociedade teocrático, onde tudo fora colocado sob a autoridade de sacerdotes, doutores da Lei e forças da segurança do sistema político econômico mais poderoso, isso fez com que ele entrasse em conflito com as lideranças religiosas e os detentores do poder. Para Jesus, essas normas e tradições criaram uma cultura tão "religiosa" e um ambiente tão repressivo que sufocava a espontaneidade, dificultando a prática de um amor mais humano, como aquele praticado por Jesus. Assim os evangelhos mostram Jesus em conflito com as autoridades que o acusam de ser um blasfemador, enganador do povo e ameaça à ordem social do Império romano (7,45-52; 19,7.12-13). Além disso, a presença do Império romano trouxe o endeusamento da figura de César Augusto e aumentou a exploração econômica dos trabalhadores do Israel daquele período histórico.

Então é necessário que nós compreendamos hoje que, tanto no tempo de Jesus, como na atualidade, a palavra e a prática de Jesus implicam em conflito com dinâmicas de egoísmo inerentes ao ser humano e com forças no nosso ambiente que favorecem este cativeiro. O resultado é uma injustiça gritante que João chama de "o mundo". Isso se mostra especialmente no mundo de trabalho. Mais uma vez, as palavras do Papa Francisco nos dão alento e coragem:

> Toda a injustiça que se faz a uma pessoa que trabalha, espezinha a dignidade humana; inclusive a dignidade daquele que comete a injustiça. Abaixa-se o nível e acaba-se naquela tensão de ditador-escravo. Ao contrário, a vocação que Deus nos dá é tão bonita: criar, recriar, trabalhar. Mas isto pode ser feito quando as condições são adequadas e a dignidade da pessoa é respeitada.[1]

Assim, visto tudo isso, entendemos que as dinâmicas da nossa vida social têm de ser repensadas e os desejos do nosso coração, purificados por uma conversão que atinge a todos. É por isso que o Espírito nos une em comunidades nas quais ajudamos um ao outro para nos abrirmos à plenitude da vida que Jesus nos propõe.

Em João (17,4), sentimos a alegria no coração do Filho que pode afirmar ao Pai: "Eu te Glorifiquei na terra. Concluí a obra que tu me encarregaste de realizar. Manifestei o teu nome aos homens".

A vida de Jesus tem sido uma perfeita resposta de amor ao amor que o Pai tem por ele. Essa resposta de amor assume

---

1. Papa Francisco, *Homilia na Capela Santa Marta*, Vaticano, 01 de maio de 2020.

a forma concreta da realização "das obras que o Pai encarregou Jesus de fazer" (5,36; 9,4); todas essas obras são resumidas na obra de dar vida em abundância aos homens e mulheres que acreditam nele (10,10), e de ajudá-los a criar sociedades justas na qual a paz de Jesus poderá valer para todos. Nisso, a Igreja tem a responsabilidade de zelar para que tudo nela, e particularmente a celebração da Eucaristia, não seja intimista e alienada e sim, profética e expressiva da comunhão e da partilha que retratam a própria vida do nosso Criador. E que é tão facilmente traída pelo espírito humano.

João 14–17

Algumas conclusões para a espiritualidade em João

Diante das diferentes possibilidades de termos um encontro dialogal com as pessoas divinas que Jesus nos revelou, fica a necessidade de nós nos desdobramos em silêncio sobre os capítulos 14-17. Já afirmamos várias vezes que este estudo era para entrar na comunhão com Jesus e seu Pai, e para crescermos na nossa sensibilidade em relação às moções do Espírito e enquanto engajados na realidade cotidiana da nossa sociedade. Então, conhecendo o perfil das pessoas divinas, fica a tarefa de continuar na reflexão sobre cada uma delas para aprender paulatinamente o que elas irão nos sugerir no decorrer da vida diária. Nisto o nosso ponto de partida é a figura do Jesus histórico nos quatro evangelhos. E todo o tempo sentimos que é na qualidade de uma amizade bem humana, cheia de distrações e de aspirações, que ele "se manifesta" a nós (Jo 14,21), exatamente como os amigos costumam fazer.

Perguntas para uma reflexão

1. Jesus afirma: "Eu e o Pai somos um" (10,30). Ao tentar entender a ação de cada uma das Pessoas Divinas que agem de maneira harmoniosa entre si para nos dar a nossa vida cristã, fazer-se a pergunta: Qual dessas pessoas eu sinto que conheço mais?

2. Que diferença faz ter um encontro pessoal com cada uma das Pessoas Divinas e rezar simplesmente a Deus?

3. Que motivação à mais esta reflexão lhe oferece para se aprofundar na dimensão socioeconômica dos evangelhos?

João 18

O início da paixão e iminência da morte de Jesus de Nazaré

Introdução

Terminada a oração de Jesus, ele e os discípulos saem do salão onde haviam celebrado a última ceia, atravessam o riacho Cedron e prosseguem até um jardim. Mal chegam lá, Judas vem conduzindo um grupo de soldados, junto com "guardas enviados pelos sumos sacerdotes e pelos fariseus". João nota que esses soldados e guardas vêm "com lanternas", pois são os que "andam nas trevas" (11,10; 12,35).

A menção dos guardas enviados pelos líderes para prender Jesus liga esta cena ao capítulo 7, onde os mesmos "guardas dos sacerdotes e fariseus" aparecem duas vezes. Era por ocasião da Festa dos Tabernáculos e todos em Jerusalém estavam esperando para ver se Jesus apareceria. Sabendo que a sua vida estava em perigo, Jesus tinha subido à cidade para a festa, mas "às ocultas" (7,10). Porém, no meio das celebrações, ele começou a ensinar no Templo, suscitando uma controvérsia entre os judeus sobre a sua doutrina. Finalmente, vendo que muitos estavam acreditando em Jesus, os sumos sacerdotes enviam "os guardas do Templo para prendê-lo" (7,32.45-46). Agora, com a vinda desses mesmos guardas no início do capítulo 18, o evangelista está nos mostrando que Jesus continua a exercer uma autoridade maior sobre as forças que buscam prendê-lo para destruí-lo. "Sabendo tudo o que lhe acontecerá, [Jesus] adianta-se e lhes diz: 'A quem procurais?' Respondem: 'Jesus, o Nazareno'". Em grego, Jesus se identifica com o nome divino que o Pai lhe havia dado (17,11) e que ele tinha reivindicado diante dos fariseus (8,58): "*Ego Eimi*" — "Eu Sou". Ao ouvir Jesus referir-se a si mesmo dessa maneira, Judas e os soldados "recuaram e caíram por terra". É a reação, espontânea, de pessoas que se encontram diante da divina majestade (Dn 2,46; 8,18). João está nos lembrando, novamente, de que Jesus é o Verbo Encarnado que irá completar a obra que o Pai confiou a ele, por se tornar o Servo Sofredor. Se a força do mal atingi-lo, será somente porque ele o permitir.

Nos versículos 7 e 8, o mesmo diálogo entre Jesus e a turba se repete. Em seguida, com toda a autoridade de Filho de Deus, Jesus manda que os discípulos tenham liberdade para se retirar. Nesse momento, Pedro recorre à violência. Tira uma espada da cintura e corta a orelha do servo do sumo sacerdote. A lógica deste discípulo é a mesma dos soldados que vieram prender Jesus, ou seja, apelar para a força. Jesus repreende Pedro e lhe explica a sua lógica: naquilo que está acontecendo, ele está confirmando o seu entendimento sobre o Plano do seu Pai; está bebendo do cálice que o Pai lhe deu.

Estas são palavras-chave para entendermos o significado mais profundo dos capítulos 18–19. Por causa da sua obediência ao Pai, Jesus está se deixando ser "entregue ao mundo" (3,6) e "bebendo" do "cálice" do sofrimento apresentado a ele por ter sido fiel ao Pai que o enviou (10-11). Ele percebe que é da essência da sua identidade de Filho não recuar diante desse sofrimento, pois, como Filho que revela o Pai a nós, Jesus entende que a doação de si mesmo ao seu Pai implica ir até aos limites mais extremos da nossa miséria. Jesus entrará nas trevas do mundo, onde a força do mal impera. É essa força que atua em indivíduos e em mecanismos sociais injustos, para a destruição das inúmeras pessoas humanas. Agora, ela está se dirigindo contra o próprio Jesus. Contudo, entregue a essa dinâmica, agindo com autoridade dentro dela, dizendo a nós que tudo isso é para nosso benefício, Jesus se tornou Luz brilhando nas trevas, ao mesmo momento que as trevas estão procurando apagá-la.

"A verdadeira luz estava no mundo... e o mundo não o conheceu. Veio para o que era seu e os seus não o aceitaram" (1,10-11). Por causa da sua obediência ao Pai, Jesus está se deixando ser "entregue ao mundo" (3,6). Está "bebendo do "cálice" do sofrimento, na fidelidade ao Pai que o enviou (18,10-11). Ele percebe que é da essência da sua identidade de Filho que não recue diante desse sofrimento! Pois, como Filho que revela o Pai a nós, Jesus entende que a doação de si mesmo ao seu Pai implica em ir até os limites mais extremos da nossa miséria, para de lá nos chamar a reconhecer o quanto ele e seu Pai nos amam!

Jesus está entrando para dentro das trevas do mundo, onde a força do mal impera. É essa força que atua em indivíduos e em mecanismos sociais injustos, para a destruição de inúmeras vidas humanas. Agora, este mal está se dirigindo contra o próprio Jesus: ele está se entregando a essa dinâmica maligna, tornando-se vulnerável a ela, indo até o fim das possibilidades de ser Luz dentro dela. Sempre mostrando a misericórdia do Pai, Jesus irradia a Glória do Filho Unigênito brilhando nas trevas ao mesmo momento em que as trevas estão procurando apagar essa irradiação. Pendurado na cruz, agonizando, Jesus de Nazaré é o ícone da misericórdia divina; é o convite feito a cada ser humano para crer nele, para termos a Vida dele dentro de nós.

18,13-27

O interrogatório de Jesus por Anás e as negações de Pedro

O interrogatório noturno de Jesus na casa de Anás é um procedimento ilegal, pois uma questão jurídica tão séria deveria ser tratada durante o dia, sob a autoridade de todo o Supremo Concílio dos judeus e com a presença de testemunhas qualificadas. Consciente disso, Jesus exige de Anás que interrogue aqueles que o ouviram pregar abertamente, no Templo (20). Com isso, pede simplesmente um julgamento justo, de acordo com a Lei mosaica.

Ao ouvir esta resposta de Jesus, um guarda do sumo sacerdote lhe dá uma bofetada na face, a qual nos traz à memória as palavras de Isaías sobre o Servo Sofredor: "Não ocultei o rosto às injúrias" (Is 50,6). Como tantas pessoas anônimas que sofrem indignidades nas mãos dos prepotentes, Jesus está cumprindo o papel desse Servo. A nobreza de espírito de Jesus domina a cena: àquele que o bateu, ele desafia: "Se falei mal, mostra em que, mas, se falei bem, por que me bates?". É o julgado se tornando juiz. É o Filho do Homem "odiado pelo mundo por dar testemunho de que as suas obras são más" (3,21; 7,7).

Imediatamente, Anás "envia Jesus, manietado, a Caifás". João já nos lembra de que foi esse homem que "profetizou" que Jesus devia morrer (14; cf. 11,50), ou seja, depois de um processo ilegal conduzido por Anás, Jesus é enviado para o sumo sacerdote, que já havia determinado que ele tinha de morrer. João não relata detalhe algum desse encontro.

No versículo 15, o evangelista nos informa que Pedro e um "outro discípulo" seguem Jesus. Ao ser questionado, Pedro nega que seja discípulo do preso: "Não sou". Depois, questionado sucessivamente por mais duas pessoas, ele repete a negação. É o instinto de autopreservação prevalecendo sobre a sua adesão a Jesus.

Mais do que nunca, Jesus está sozinho.

18,28-40

Jesus diante do governador romano, com uma primeira acusação: "Este homem se faz rei"

Jesus é levado a Pilatos, um homem considerado excessivamente cruel por seus superiores em Roma. João nota com ironia que os líderes "não entraram no pretório para não se contaminar, mantendo-se puros para poder comer a Páscoa". Ou seja, ao mesmo tempo que se sentem seguros diante de Deus por evitar contato com Pilatos, os líderes dos judeus estão usando o mesmo Pilatos para finalizar a matança do Cordeiro de Deus!

Com a sua arte de narrador, João nos leva para dentro do coração do governador. É evidente que Pilatos não quer se envolver na questão. Fica impressionado com a pessoa de Jesus. Mas os líderes querem que Jesus sofra o castigo de crucificação que os romanos praticam. Nas Escrituras, um crucificado era considerado "maldito" (Dt 3,13), e é essa humilhação que os líderes querem impor a Jesus. Por sua parte, João vê em tudo isso o cumprimento da predição de Jesus sobre a maneira como iria morrer: "O Filho do Homem será elevado da terra" (12,32).

Inicialmente os judeus apresentam Jesus a Pilatos como sendo um sedicioso que deseja levantar o povo contra Roma, isto é, como um pretendente a "rei". A acusação é falsa. João já mostrou como Jesus fugia das iniciativas do povo, quando este queria torná-lo rei (6,15), mas, mesmo assim, a sua popularidade com as massas preocupava os líderes da nação. Temiam que ele organizasse uma revolta contra Roma. No capítulo 11, João mostrou como esse fato pesou na decisão de matar Jesus (11,45.48.53) — decisão, aliás, que já fora tomada previamente, por razões religiosas (5,18; 7,19-23; 8,37-38.40; 10,33).

A ansiedade de Pilatos aumenta. Voltando para dentro do pretório, onde Jesus está preso, ele o interroga: "És o rei dos judeus?". Jesus responde: "Eu sou rei! Vim ao mundo para dar testemunho da verdade, e quem é da verdade escuta a minha voz" (37).

É um resumo daquilo que vimos em todo o Evangelho: Jesus, o Filho de Deus, foi enviado para revelar a vida de amor que vive junto ao Pai e que ele e o Pai estão oferecendo a nós. É a verdade do Filho de Deus que tem atuado com a mesma liberdade que caracterizava Javé no Antigo Testamento. Durante todo o Evangelho e especialmente durante a sua "hora", vimos como Jesus é a encarnação e o protagonista dessa verdade. É por isso que ele está sendo condenado à morte.

Vimos também várias vezes como o termo "o mundo", usado por João em sentido pejorativo, significa a coletividade daqueles que não podem escutar a palavra de Jesus (8,43) nem enxergar o significado das suas obras (9,41). São protagonistas das "obras más" que Jesus desnuda (3,21; 7,7); por isso, Jesus afirma que eles não podem ouvi-lo nem conhecer o Pai dele. São aquelas pessoas de qualquer raça ou cultura que se tornam surdas e cegas ao som do Espírito da Verdade, quando este passa pelo coração delas. Aos poucos se tornam fixas em seu egoísmo, dentro da sociedade configurada aos seus interesses. Assim, em resposta a Jesus, o governador pergunta cinicamente: "O que é a verdade?". A maneira corrupta e cruel de exercer sua autoridade mostra que, para ele, a "verdade" é tudo aquilo que favorece a dominação romana e o avanço da sua carreira — mesmo que custe a vida do preso diante dele, o qual ele julga ser inocente de qualquer culpa.

Pilatos quer que os interesses dele e de Roma sejam a medida da verdade. Mas esta não se manipula tão facilmente, nem se silencia. Assim, mesmo enquanto nega que haja uma verdade absoluta a ser vivida, Pilatos experimenta a força dessa mesma verdade mediante sua consciência, que o manda soltar Jesus.

João 19

Segunda acusação diante do governador: "Este homem se faz filho de Deus"

Introdução

Em João 19,1, Pilatos tenta aplacar a ira dos judeus, mandando flagelar Jesus e o mostrando ao povo, com a oferta de soltá-lo. Mas nem a tradição de libertar um preso no tempo da Páscoa nem a aparência patética de Jesus, todo desfigurado pela flagelação, desfazem a determinação dos líderes. Vendo "o homem" sangrando e humilhado, os sumos sacerdotes e os guardas gritam ritmicamente: "Crucifica-o!". Para coagir Pilatos ainda mais, a acusação se torna religiosa: "Nós temos uma Lei, e, conforme esta Lei, ele deve morrer, porque se fez Filho de Deus" (7).

Estamos num momento decisivo do Evangelho de João. É da maior importância que entendamos a origem dessa nova acusação, ou seja, que nos lembremos de quando os líderes dos judeus determinaram que Jesus devia morrer por ter reivindicado a condição divina.

Voltemos ao capítulo 5.

Em João 5,10.16, Jesus tinha acabado de curar um paralítico no dia de sábado e de avisar-lhe para não pecar mais". Aos judeus que o perseguiam, porque ele realizara não somente essa cura como também habitualmente "fazia tais coisas no sábado" (5,16), Jesus havia afirmado simplesmente: "Meu Pai trabalha sempre, e eu também trabalho" (5,17). Com isso, João nos informa: "Então, os judeus, com mais empenho, procuravam matá-lo, pois, além de violar o sábado, ele dizia ser Deus seu próprio Pai, fazendo-se, assim, igual a Deus" (5,18).

No seu discurso em resposta aos judeus, Jesus tinha constatado: "Tudo que o Pai faz, o Filho faz igualmente". Em seguida, ele prometeu que, no processo de revelar seu Pai ao mundo, ia fazer "outras obras maiores do que esta" (5,20). Assim, considerava aquilo que havia feito ao paralítico como parte da obra "de curar o homem todo" (7,21). É uma entre várias "obras que o Pai deu a realizar" (5,19-20.36; 9,4). De uma forma ou de outra, essas eram realizações parciais da obra principal confiada a Jesus, de tornar o Pai e o Filho conhecidos por nós e, assim, de fazer-nos participantes da vida eterna (17,3-4). Na realização dessa obra, Jesus atuava em favor do bem-estar integral das pessoas a partir da sua situação concreta, física, psicológica, moral e espiritual. E onde os fariseus viam somente a letra da Lei, Jesus via toda a complexidade da realidade de cada pessoa, pois frequentemente isso condicionava a liberdade de sair do cativeiro no qual muitas vezes as pessoas se encontravam.

Mas o Filho sentia a força da misericórdia do seu Pai agindo nele, tornando-o doador da plenitude de vida àqueles que creram que ele detinha esse poder. Nisso ele agia com a força dessa misericórdia. Amava a cada um em sua própria situação existencial, reconhecendo as circunstâncias concretas que atenuavam a culpa dos pecadores e oferecendo a libertação radical a quem o buscava. Essa libertação era dada justamente como oferta de si mesmo, como dom de Deus, que fazia a pessoa sentir a bondade divina atraindo-a para a vida plena que o Pai desejava para todos. Tratava então a todos com a misericórdia do seu Pai, ou seja, com a mesma liberdade diante da lei do sábado com que seu Pai atuava! E chamava aqueles que andavam com ele a aprenderem a ser, eles mesmos, doadores da vida plena, na comunidade da fé.

Os Judeus sabiam que Deus trabalha para o sustento e a santificação do mundo, continuamente, sem parar. Chamando a si mesmo de "o Filho" desse Deus e reivindicando a mesma liberdade de ação em favor da vida mais plena dos homens e mulheres, Jesus está se colocando superior a toda a instituição religiosa em Israel! Na verdade, ele está realmente "fazendo-se igual a Deus".

Nota: O leitor pode buscar outros exemplos nos quais Jesus esteja falando e agindo com a mesma autoridade com que ele vê o Pai fazendo. Como você, leitor, entende esses trechos à luz de João 1,14?

19,8-16

A covardia de Pilatos leva Jesus à crucificação

Voltemos à cena do julgamento de Jesus. A acusação de que Jesus se faz "Filho de Deus" aumenta a ansiedade de Pilatos. No império, esse título era reservado ao imperador. Assim, essa acusação podia ter implicações políticas que ressoariam mal para Pilatos. Além disso, ele entende que Jesus tem violado sensibilidades religiosas dos judeus, e o governador é obrigado a favorecer tais sensibilidades, pois o judaísmo possui *status* de religião reconhecida por Roma.

Entrando no pretório onde Jesus está preso, Pilatos começa a interrogá-lo de novo. Em uma série de perguntas desconjuntadas, ele revela a sua insegurança. Quem é seguro, é Jesus. Primeiramente, não responde às perguntas. Depois, diz simplesmente que a autoridade que Pilatos tem "lhe foi dada do alto". Na realidade, quem está exercendo a autoridade maior nesse julgamento é Jesus. Na sua resposta, ele está mostrando ao governador que este devia usar a sua autoridade de acordo com a própria consciência.

Pilatos vai de novo ao encontro dos que acusam Jesus. Os judeus apelam à chantagem: "Se soltares este homem, não és amigo de César". Trata-se de uma ameaça de informar ao imperador, Tibério, que Pilatos protegeu um homem sedicioso e que desrespeitou a crença deles. Essa tática é eficaz, pois naquele momento político em Roma tinha havido uma queda de pessoas influentes que eram amigas de Pilatos. Então, sentindo-se ainda mais inseguro, ele cede à coerção dos líderes: chama Jesus de fora e se senta no tribunal, para fazer o julgamento. No versículo 14, Pilatos apresenta Jesus aos sumos sacerdotes: "Eis o vosso rei!". Na sua resposta, os líderes dos judeus, que já haviam condenado Jesus num processo ilegal, se mostram infiéis à Aliança do Sinai, por trocar sua esperança messiânica pelo sistema romano: "Não temos outro rei a não ser César!". Quanto a Pilatos, três vezes ele diz que não encontra razão alguma para condenar Jesus (18,38; 19,4.6). Mas agora, diante da ameaça à sua permanência dentro dos esquemas de poder, o governador violenta a própria consciência e lhes entrega Jesus.

Jesus vai morrer! Como duas gigantescas rodas de engrenagem respondendo ao comando de seus respectivos donos, o sistema religioso fundamentalista dos líderes judaicos e o sistema imperialista depredatório do império romano estão se aproximando um do outro, para massacrar Jesus, que se tem colocado no meio deles, junto a todos que promovem a paz. Depois, nos séculos seguintes, outros sistemas serão elaborados, nos quais as pessoas continuarão a "buscar a glória dos homens e não a de Deus", sempre com o prejuízo dos mais fracos da sociedade. E é nisso que a fé cristã contempla o amor maior de Deus atuando na figura de Jesus Nazareno, crucificado e ressuscitado.

Seria bom se cada leitor se perguntasse: como vejo isso acontecendo até hoje? O que isso me pede em minha vida, como amigo de Jesus?

19,17-24

A crucificação do Filho Unigênito de Deus

Jesus é entregue nas mãos dos soldados para ser crucificado. Enquanto isso, em toda parte de Jerusalém, os cordeiros estão sendo sacrificados, em preparação à Festa da Páscoa (14).

Como nos outros evangelhos, o fato da crucificação é relatado com a maior brevidade possível: "Lá o crucificaram".

Desde os primeiros versículos do Evangelho de São João, sabemos que estamos lendo a história do Verbo Encarnado. No Prólogo, João nos informa com certa insistência que "tudo foi criado por meio dele" (1,3.10). Para os judeus, a ação de Deus não somente criou o universo como também continua a sustentá-lo a cada momento (Sl 104). Assim, enquanto vemos os soldados fixarem as mãos e os pés de Jesus à madeira da cruz, nossa fé nos lembra de que esse homem permanece sendo o "Verbo junto ao Pai".

Sustentado somente pelos pregos que o fixam à cruz, Jesus de Nazaré é a incandescência da própria realidade divina, pois, nesse momento, a humanidade do Verbo está exprimindo — da maneira mais gráfica possível — aquilo que o Verbo era "desde o princípio". Ou seja, num gesto que é visível a nós, ele está indo "até o fim" das possibilidades de fazer de si mesmo doação, o que suscita em nós três perguntas: o que fiz por Jesus? O que estou fazendo? O que irei fazer?

19,25-30

A morte de Jesus

Na cena da cruz que João descreve, parece estar ausente tudo o que é mais humano. Mas não verdade! Do alto da cruz, Jesus vê sua Mãe e o Discípulo Amado. Para a comunidade de João, essa cena é cheia de significado, que vai se aprofundando nas futuras gerações de cristãos. Jesus sente sede. Toma o vinagre oferecido por um soldado.

> É a plenitude da sua hora.
> É levada a termo a obra que o Pai o encarregou de realizar.
> Proclama: "Está consumado".
> Inclina sua cabeça e suspira seu último suspiro.
> Entrega o seu espírito. Morre.
> É o ódio de um mundo em cativeiro, que não pôde ouvi-lo.
> É o Corpo do Verbo imolado no seu Sangue.
> É a fulgência do amor de Deus para o mundo.
> É a fonte do Espírito que nos faz viver.
> É a medida do valor que o Pai de Jesus dá para cada ser humano.

19,31-37

O golpe da lança e o olhar dos discípulos

Ansiosos para observar a lei que manda sepultar corpos antes do sábado e, assim, manter-se puros para celebrar a Festa da Páscoa, "os judeus" pedem a Pilatos que mande os soldados quebrarem as pernas dos crucificados, para que morram logo.

Quando os soldados se aproximam de Jesus, que já está morto, um deles lhe traspassa o lado com a lança. Saem sangue e água. O evangelista afirma que a fonte dessa informação foi "aquele que viu", isto é, o Discípulo Amado. Com isso, ele indica a importância que o fato tinha para a comunidade joanina.

No primeiro momento, o "olhar" do versículo 37 é de espanto. De uma maneira ou outra, judeus e gentis sentem que presenciaram a morte de uma pessoa extraordinária. Mas, desde aquele momento, se tornará um olhar que convida os homens e mulheres a contemplar, na vida e na morte de Jesus pendurado na cruz, o amor maior que motivou Deus a elaborar esse plano da nossa salvação e o Filho Unigênito a ser fiel à missão de cumprir tal plano até o fim.

Em João, esse amor se chama "glória de Deus". Durante os séculos seguintes, o olhar de fé contemplando Jesus na cruz foi penetrando sempre mais profundo nesse mistério de Deus, atraindo-nos a Jesus, para sermos, com ele, "luz do mundo" (1,14; 3,14-16; 12,32). E todo o tempo Deus continua respeitando a nossa dignidade de seres inteligentes e livres tanto para nos convertermos, sendo, nós também, luz do mundo, como para optarmos por outros caminhos, contrários àquele da cruz.

19,38-42

O sepultamento de Jesus

No sepultamento de Jesus, aparece José de Arimateia, que já era discípulo do Nazareno, mas "secretamente, por medo dos judeus"; e também Nicodemos, aquele doutor da Lei "que tinha procurado Jesus à noite". No capítulo 7, vimos como Nicodemos defendeu Jesus, protestando contra o prosseguimento ilegal do Supremo Concílio, que o condenava (7,50). Agora, ele e José têm coragem de enfrentar Pilatos para poderem cuidar do sepultamento do Mestre. São dois exemplos de que "a semente, morrendo, produz muito fruto" (12,24).

No versículo 42, o Corpo do Verbo é "depositado" no túmulo. Era o "máximo" que o espírito maligno podia fazer para destruir a obra de Deus na sua criação.

Para refletir

Alguns estudiosos do Evangelho não gostam de falar da morte de Jesus em termos de um sacrifício. Pensam que isso faz o Pai parecer um Deus vingativo. Levando em conta aquilo que abordamos até aqui, dê a sua opinião sobre isto. O Pai, é um Deus vingativo?

João 20

A ressurreição e a exaltação de Jesus de Nazaré

Introdução

> A verdadeira Luz foi apagada.
> As trevas prevaleceram.
> Assim, passou-se um dia — e outro dia.
> No terceiro dia, porém, tudo mudou.

Enquanto Jesus de Nazaré estava agonizando na cruz, e, depois, enquanto seu Corpo jazia dentro do túmulo, o mundo parecia mais calmo. A rejeição a ele era vista como reação inevitável de pessoas sensatas, preocupadas em proteger a segurança delas e dos seus filhos dentro dos padrões que regulamentavam a sua convivência humana.

20,1-18

As primeiras experiências pós-pascais de Jesus de Nazaré: "Nós vimos o Senhor!"

Originariamente, o capítulo 20 foi o último do Quarto Evangelho. Nele, através da confissão de São Tomé, a comunidade joanina testemunharia o segredo mais profundo da identidade de Jesus. Em grego, palavras que significam "ver" aparecem dezesseis vezes neste capítulo. A descoberta da nova vida e da identidade de Jesus não foi nada fácil. Maria Madalena e outras amigas de Jesus descobrem que o tumulo está vazio. Informados disso, o discípulo amado e Pedro chegam e verificam o fato. Vão embora. Maria Madalena fica chorando na entrada do túmulo; Jesus aparece e diz simplesmente: "Maria!"; ele envia-a aos amigos com a boa notícia: "Vai dizer aos meus irmãos: Subo a meu Pai e vosso Pai; a meu Deus e vosso Deus".

É linguagem nova! Pela primeira vez, Jesus se refere aos discípulos como "meus irmãos", e ao seu Pai como "vosso Pai"! A mensagem capta a essência da obra que Jesus estava realizando durante todo o Evangelho, de tornar-nos filhos e filhas do seu próprio Pai.

20,19-23

"Recebei o Espírito Santo": Jesus estabelece o "nós", a comunhão dos perdoados e portadores da paz de Deus

No versículo 19, Jesus se apresenta aos seus discípulos, estando ausente Tomé. O Ressuscitado lhes profere a saudação judaica: "*Shalom*", isto é, "paz". Na cultura judaica, essa saudação significava: "Estejam de bem consigo mesmos; de bem com os outros; de bem na sua convivência como nação; de bem com Deus". Agora, a paz que Jesus oferece é a que ele mesmo ganhou por nós. É a paz de Jesus e seu Pai; é o amor que nos perdoa e nos leva para dentro da sua comunhão. É nossa tentativa sincera de viver o novo mandamento de Jesus na nossa comunidade de fé. Em breve, os discípulos irão entender que são enviados como portadores dessa mesma paz para o mundo.

Jesus lhes mostra as mãos e o lado. É ele mesmo! Não é possível para os discípulos conterem a própria alegria, pois, como Maria, estão conscientes de "estar vendo o Senhor" e entendem que o seu amor por eles continua. Ou seja, aos discípulos que o deixaram quando ele estava mais necessitado de solidariedade, Jesus aparece, mostrando-lhes as marcas da sua paixão e alegrando-se por ter completado a obra de fazer-nos filhos e filhas de seu Pai.

Ressuscitado dos mortos e já no processo de subir ao seu Pai, Jesus é chamado sete vezes neste capítulo de "o Senhor" — *Kyrios* —, com todo o significado de fé que este título implicava para as comunidades cristãs. No Antigo Testamento o "Senhor" era Javé, o Deus da Aliança. O uso desse mesmo título pelos cristãos em referência a Jesus aponta a fé na sua divindade como revelador, na cruz, do infinito amor do seu Pai agindo no nosso mundo. Durante toda a história humana ainda por vir, Jesus estará presente, intercedendo por nós enquanto as forças da vida operam, até a sua volta na glória do seu Pai.

Foi isso que a primeira comunidade veio a entender pela memória do cadáver pendurado na cruz, e depois ressuscitado dos mortos, e é isso que a devoção popular dos cristãos ainda hoje lembra, ao contemplar essa mesma cena. Assim, o maior sinal da identidade de Jesus como Filho de Deus e Salvador do mundo é contemplado na fé que vê nessa cena da crucificação a prova de quanto o nosso Deus e Criador nos ama. E é o reconhecimento desse amor tornado visível no corpo de nosso Senhor Jesus Cristo que derruba nossos ídolos e nos convida a receber, consciente e livremente, a libertação do cativeiro e a graça de viver uma vida fiel e santa.

No versículo 21, Jesus anuncia aos discípulos que eles irão continuar a sua missão no mundo. "Como o Pai me enviou, eu vos envio". São palavras que nos remetem ao capítulo 15,15-16, onde ouvimos Jesus falar do seu amor pelos discípulos, a quem chamava de "amigos", aqueles que ele escolheu para "ir e produzir fruto". Agora, esses amigos — perdoados — estão sendo enviados por ele. Em seguida, num gesto que recorda a ação de Javé insuflando o hálito da vida na figurinha de barro que Deus tinha moldado para dar início à humanidade (Gn 2,7), o Senhor Ressuscitado sopra sobre os discípulos, que receberam o poder de nascer de Deus (1,13). Jesus diz qual será o específico dessa nova criação: "Recebei o Espírito Santo. Aqueles a quem perdoardes os pecados, ser-lhes-ão perdoados". Assim a fé e a tradição da Igreja Católica levam seus fiéis a buscar o perdão conferido em forma "encarnada", no sacramento da Penitência.

Mas quantas pessoas deve haver no mundo — incluindo muitos batizados não evangelizados — que choram seus erros e que buscam a reconciliação com Deus da maneira como elas entendem, com o mínimo de formação que receberam? E vendo o desespero do nosso povo, desiludido por esquemas sociais falidos e sob a ameaça de epidemias e da depredação do ambiente, quem pode duvidar que um processo de amadurecimento está acontecendo no mundo, na infinitude de maneiras que o espírito humano é capaz de sugerir, uma vez que o Verbo se fez Carne.

20,24-29

A plenitude da experiência de fé cristã

No versículo 25, os dez discípulos anunciam a Tomé: "Vimos o Senhor!". Mas esse discípulo recusa-se a acreditar no testemunho da comunidade. Então, Jesus aparece de novo, chama Tomé e lhe mostra suas mãos e seu lado. Tomé responde com a mais alta confissão cristológica de todo o Evangelho: "Meu Senhor e meu Deus!".

Jesus aceita esta afirmação da sua divindade. Tomé o identifica corretamente! Mas, da mesma forma que fez com Maria Madalena, ele mostra a Tomé que o conhecimento dele não será mais baseado na experiência de vê-lo com os olhos físicos ou de poder tocar-lhe o corpo. Esse tipo de encontro acontecia somente com os primeiros seguidores, que usavam essa comunicação empírica para testemunhar que era realmente Jesus de

Nazaré que ressuscitou. Jesus afirma: "Felizes os que não viram e creram". Ou seja, nós agora vemos, ouvimos e tocamos em Jesus somente através da Igreja, que guarda a autêntica e integral memória dele nos seus livros sagrados, na sua tradição milenar e no culto litúrgico do seu povo.

João 21

"Jesus se manifestou de novo"

Introdução

Estudiosos de João são unânimes em afirmar que o capítulo 21 foi anexado ao texto do Evangelho, que originalmente tinha terminado com o capítulo 20. Alguns pensam que essa narração foi escrita para responder a uma situação que causava perplexidade entre os cristãos nas comunidades fundadas pelo Discípulo Amado. Os versículos 22-23 indicam que, entre as comunidades, havia um tipo de boato de que esse discípulo não iria morrer até que Cristo viesse de novo. Mas aconteceu o contrário: o fundador tinha acabado de morrer ou estava perto da morte e Jesus ainda não tinha voltado à terra. Na tentativa de desfazer essa confusão, o autor deste capítulo continua a nos ensinar sobre o nosso seguimento do Mestre.

A cena da pesca no lago de Galileia é escrita com a mesma simplicidade do resto do Evangelho. O autor nos informa que, "Depois disso", ou seja, depois dos acontecimentos do capítulo 20, "Jesus se manifestou novamente...".

21,1-25

A aparição no lago, a tarefa pastoral de Pedro e o testemunho perene

Toda a narração nos versículos 1 a 14 fala da afetividade de Jesus por seus amigos e deles por Jesus. Na sua ausência, os discípulos parecem perdidos. Irrequieto, Pedro anuncia: "Vou pescar"; os outros vão com ele. Passam a noite trabalhando, mas de peixe, nada! Ao amanhecer, Jesus Ressuscitado aparece na praia, sem ser reconhecido: "Jovens, tendes algo para comer?". O "discípulo que Jesus amava" percebe quem é a figura na praia: "É o Senhor!". Pedro pula na água; os outros chegam, com a rede cheia. "Veem brasas acesas, com peixe e pão". Ninguém ousa perguntar: "Quem és tu?". É um momento de reconhecimento, cuja infinita alegria pede por silêncio.

Nos versículos 18-19 Jesus indica a Pedro qual será a forma concreta da doação total que este irá fazer — o seguimento do Mestre. Jesus profetiza que Pedro será "cingido" e "dirigido" aonde, humanamente, ele não queria ir, isto é, à cruz. Se, antes da paixão de Jesus, Pedro não tinha os recursos espirituais para seguir Jesus numa doação tão total, agora ele é capaz disso. Por isso Jesus diz simplesmente: "Segue-me!", pois agora ele podia!

É bom notar que nós cristãos não somos masoquistas! Jesus não nos colocou no mundo para estragar a alegria dos outros. Jesus nunca disse que a realidade da cruz era "bonita". Ele passou toda sua vida buscando maneiras de libertar-nos do sofrimento, pois a obra do Pai era a vida plena de cada um. Assim, até o fim Pedro desejou outro caminho (18), até o momento de entender que era na cruz que iria seguir seu Mestre, na vitória sobre a morte.

No versículo 20, Pedro, andando com Jesus na praia, olha para trás e vê que estão sendo seguidos pelo "discípulo que Jesus amava", aquele que, na ceia, se reclinara sobre o seu peito. Pedro questiona Jesus: "Senhor, e este?". A resposta é uma repreensão a Pedro, pois a atenção dele devia estar fixa no seu Mestre. É interessante que as últimas palavras de Jesus neste Evangelho sejam tão humanas. Até parece um "carão" dado por Jesus a todos os fofoqueiros de sacristia!

Para concluir

Perguntamo-nos várias vezes nestas reflexões por que Jesus morreu da maneira como aconteceu. Certamente não foi para placar um Deus irado ou edificar uma instituição imponente. Finalmente, vimos que Jesus morreu por ter vivido no mundo, em termos humanos, o amor que o Pai e o Filho (e o Espírito) vivem na vida interior da divindade, e por ter insistido que, já desde agora, essa vivência seja a qualidade de uma convivência humana agradável a Deus. Vimos neste estudo que as comunidades que procuram viver esse amor são os verdadeiros adoradores de Deus, "no espírito e na verdade" (Jo 4,23).

Jesus nos mostrou o quanto Deus ama este mundo. Durante toda sua vida, ele era a presença desse amor de Deus nos chamando a uma convivência carinhosa com ele e nos mostrando que, em Deus, essa convivência se realiza por meio de três protagonistas diferentes, ou seja, no Pai, no Filho e no Espírito Santo, cada um à serviço da nossa participação na mesma comunhão! E isso, desde os primeiros versículos do Evangelho de João.

Vimos como Jesus era profundo conhecedor da realidade da nossa vida pessoal e comunitária, tanto por experiência como por observação da sociedade na qual participava. Suas pregações, parábolas e seus ensinamentos mostram isso. Por ser a presença do Filho que era Luz do mundo, Jesus de Nazaré desnudava toda forma de mentira e de morte que destruía internamente as pessoas, matando um maior desenvolvimento delas como um povo agradável a Deus.

Será que Jesus de Nazaré sabia a maneira com a qual o mundo das trevas iria reagir contra ele — em forma de uma rejeição tão violenta, por meio da cruz? Pela história dos profetas, poderíamos supor algum pressentimento disso dentro dele. Mas os evangelhos deixam espaço para falarmos da esperança dele em uma conversão, a começar de seu próprio povo judeu. Certamente sua atitude de agir todo o tempo como servo dos pobres e enfermos, mostrando-se dotado de autoridade e a compaixão de seu Pai, lhe deu a esperança de suscitar uma conversão profunda no povo. Mas, viu também que, diante do estilo de vida luxuosa dos ricos, os ouvintes na Galileia como também na Judeia não queriam ouvir falar do seguimento de um Mestre carregando a cruz de uma vida mais simples e fraterna, na abstinência de muitas coisas boas e belas que o mundo oferecia. E os poderosos, tanto judeus como romanos, não queriam partilhar seu domínio sobre os mais fracos, mas sim, aumentá-lo. No final, Jesus viu que estava despertando aspirações nacionalistas, de poder e de prosperidade, como nos tempos do rei Davi.

Foi justamente diante dessa cegueira que Jesus foi confirmando aquilo que já tinha discernido. Seu Pai sempre foi respeitoso da liberdade da pessoa humana que ele tinha criado. Então, o plano do Pai era para o Filho entrar no meio dos homens com a oferta da Vida, tornando-se vulnerável à nossa miséria, sem nunca diminuir seu amor por nós. E sem desfazer a certeza de Jesus, isto é, de que o Pai iria nos tornar participantes, no Espírito, da comunhão divina que é a Vida de Deus. Foi na obediência a esse Pai e no mesmo respeito pela nossa liberdade, que Jesus se deixou ser levado pela força do mal, até a cruz. E é o amor no coração do Filho e do Pai que continua nos atraindo, em todo momento que nós nos mostramos abertos a esse amor, particularmente, em cada Eucaristia.

Para refletir

O leitor pode se reunir com um pequeno grupo de pessoas para contemplarem "aquele que traspassaram" (19,37). E então, depois de refletir, se perguntarem:

1. À luz do que vimos neste estudo de Jesus vivendo e atuando na realidade cultural, econômica e política da Palestina, sob o domínio de um império pagão, como é que seu corpo morto na cruz nos ajuda a identificá-lo com o Filho Unigênito de Deus?
2. O que entendemos sobre a afirmação de que Jesus, morto, ainda preso por pregos à madeira da cruz, se mostrou vitorioso sobre a força do mal no mundo?
3. Falamos muito do plano do Pai para nossa salvação. Qual foi o momento em que Jesus entendeu, com toda clareza, que seu discernimento era correto: era isso mesmo que o Pai estava pedindo a ele?
4. Qual é a importância da correspondência que vimos entre a razão da morte de Jesus apresentada nos sinóticos e a maneira de entender sua morte no Evangelho de São João?

Bibliografia

Papa Bento XVI. *Carta Encíclica Deus Caritas est*. São Paulo: Paulinas, 2006.

Bíblia de Jerusalém. São Paulo: Paulinas, 1975.

Brown, Raymond. *A comunidade do Discípulo Amado*. São Paulo: Paulinas, 1983.

_____. *The Gospel According to John* (XIII–XXI). New York: Doubleday, 1970.

Colavecchio, Ronaldo. *Experiência de Deus no Evangelho de São João*. Capítulos 13–21. São Paulo: Loyola, 2007.

_____. *Jesus de Nazaré, o transbordar da vida que é amor: comentário sobre o Evangelho de São João*. Capítulos 1–12. São Paulo: Loyola, 2004.

Hurtado, Larry. *Lord Jesus Christ: Devotion to Jesus in Earliest Christianity*. Grand Rapids: William B. Eerdmans Publishing, 2003.

Kessler, Hans. Cristologia. In: Schneider, T. (org.). *Manual de dogmática*. 2. ed. Petrópolis: Vozes, 1992, v. 1.

Konings, Johan. *Evangelho segundo João, amor e fidelidade.* Petrópolis: Vozes, 2000.

Werbick, H. Doutrina da Trindade. In: Schneider, T. (org.). *Manual de dogmática.* 2. ed. Petrópolis: Vozes, 2002, v. II.

Wright, N. T. *The Resurrection of the Son of God.* Minneapolis: Fortress Press, 2003.

Livros publicados

1. SEFRIN, L. A. et al. *A Esperança da Juventude é a Esperança da Igreja?* São Paulo, Loyola, 1976.
2. *Crescer é uma Aventura: O Jovem no Mundo de Hoje*, São Paulo, Loyola, 1979.
3. *Jesus Cristo é o Mais Forte: Reflexões sobre o Início do Evangelho de São Marcos*, São Paulo, Loyola, 1984.
4. *Perfeito no seu Amor: O Itinerário de Jesus diante do Pai no Evangelho de Mateus*, Aparecida, Santuário, 2002.
5. *Jesus Nazareu: O Transbordar da Vida que é Amor*, São Paulo, Loyola, 2004.
6. *Jesus Nazareu, A Experiência de Deus no Evangelho de São João*, São Paulo, Loyola, 2008.
7. *O Caminho do Filho de Deus: Contemplando Jesus no Evangelho de São Marcos*, São Paulo, Paulinas, 2009.
8. *Jesus e a Comunidade do Reino no Evangelho de São Lucas*, São Paulo, Loyola, 2013.

9. *Conhecendo Melhor Jesus de Nazaré: Curso de Cristologia*, São Paulo, Loyola, 2018.
10. *Na Amizade de Jesus a Partir da Amazônia*, Loyola, São Paulo, 2022.

Edições Loyola

editoração impressão acabamento

Rua 1822 nº 341 – Ipiranga
04216-000 São Paulo, SP
T 55 11 3385 8500/8501, 2063 4275
www.loyola.com.br